# ANDREA BOCELLI
## CINEMA

T0070471

"Sorridi: Amore E Vai" omitted due to licensing restrictions.

Photos: Nick Spanos / Giovanni De Sandre

Andrea Bocelli wears Stefano Ricci

ISBN 978-1-4950-5143-2

7777 W. BLUEMOUND RD. P.O. BOX 13819 MILWAUKEE, WI 53213

Visit Hal Leonard Online at
www.halleonard.com

# MARIA
## from WEST SIDE STORY

Lyrics by STEPHEN SONDHEIM
Music by LEONARD BERNSTEIN

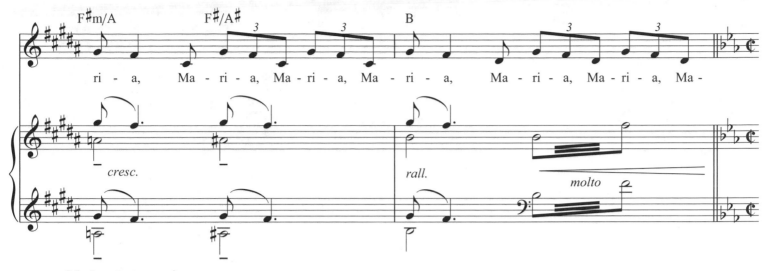

- ri - a, Ma - ri - a, Ma - ri - a, Ma - ri - a, Ma - ri - a, Ma - ri - a, Ma -

**Moderato con anima**

- ri - a! _____ I've just met a girl named Ma - ri - a, _____ And

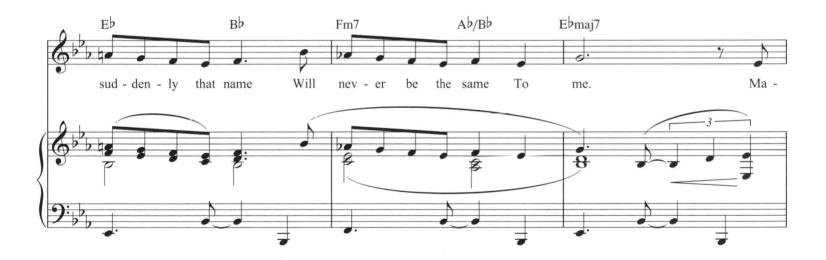

sud - den - ly that name Will nev - er be the same To me. Ma -

- ri - a! _____ I've just kissed a girl named Ma - ri - a, _____ And

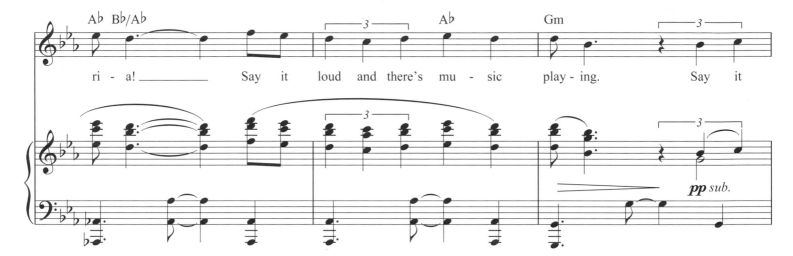

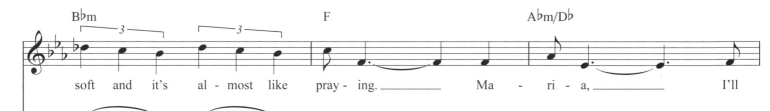

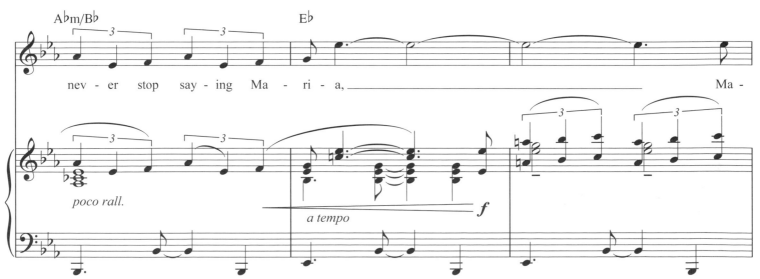

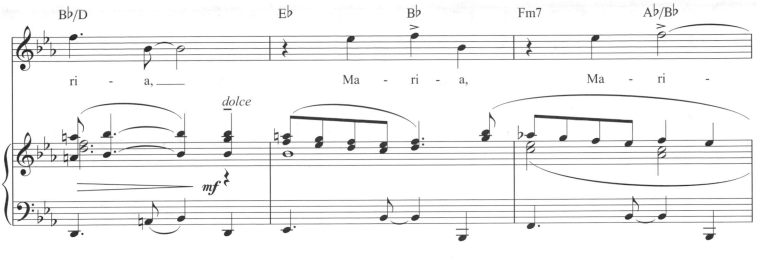

ri - a, _____ Ma - ri - a, Ma - ri -

- a, Ma - ri - a, _____ Ma - ri -

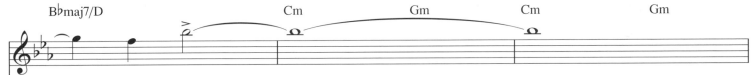

- a, Ma _____ -

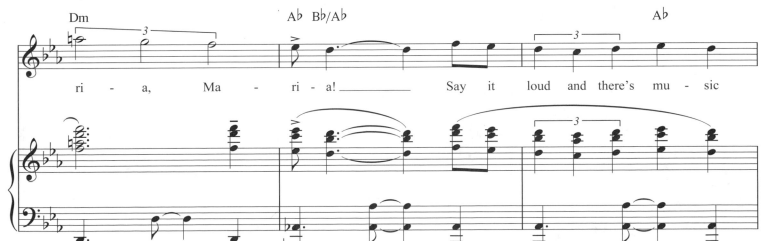

ri - a, Ma - ri - a! _____ Say it loud and there's mu - sic

# LA CHANSON DE LARA
## (Somewhere, My Love (Lara's Theme))
### Lara's Theme from DOCTOR ZHIVAGO

Music by MAURICE JARRE
Lyrics by PAUL FRANCIS WEBSTER
French Lyrics by ITHIER HUBERT

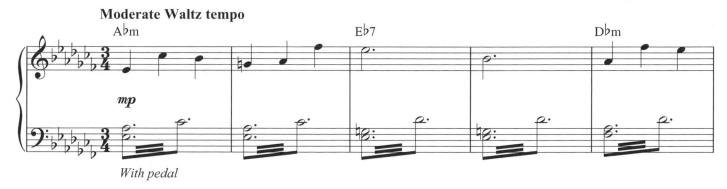

Un jour, La - ra, _____ quand le vent
Tes yeux, La - ra, _____ re - voient tou -

a tour - né, _____ un jour, La -
jours ce train, _____ ce der - nier

ra, _____ ton a - mour t'a qui - tté. _____
train _____ par - tant vers le cha - grin. _____

Le ciel _____

é - tait cou - vert de neige.

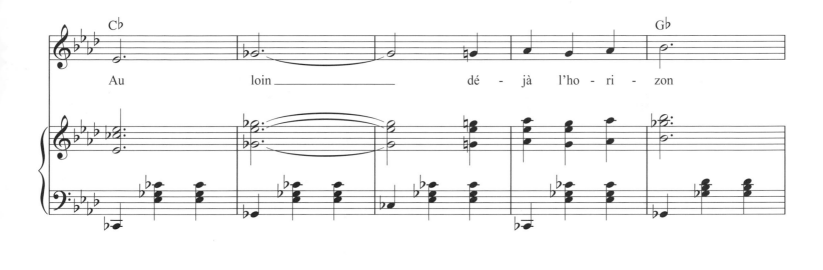

Au loin dé - jà l'ho - ri - zon

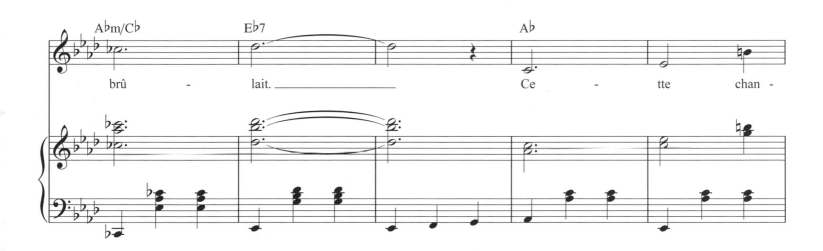

brû - lait. Ce - tte chan -

son que chan - taient les sol - dats,

c'é - tait si bon, _____

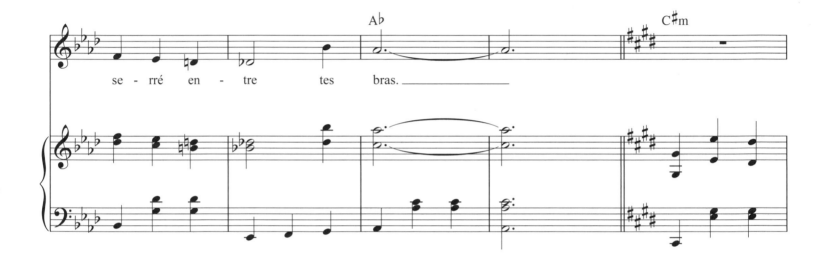

se - rré en - tre tes bras. _____

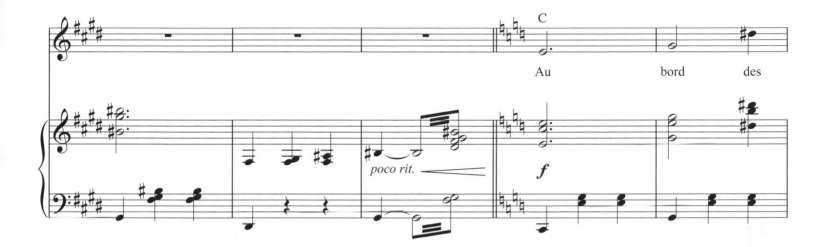

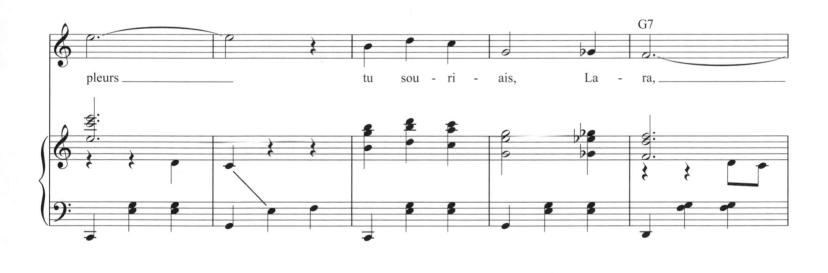

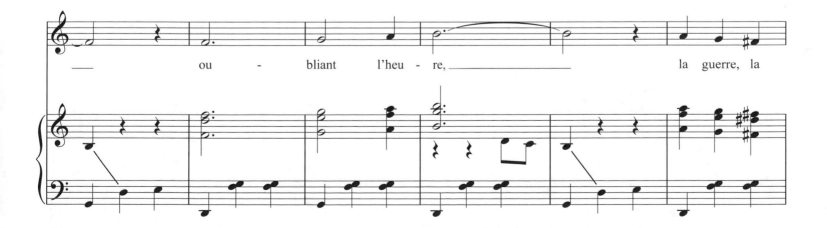

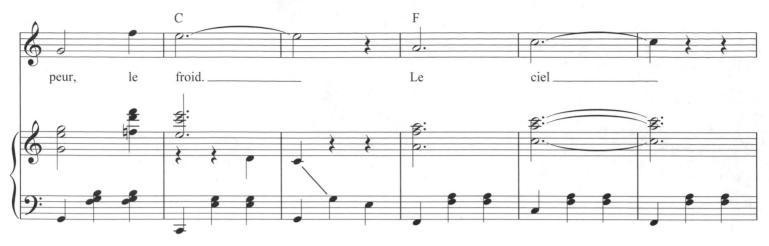

peur, le froid._____ Le ciel_____

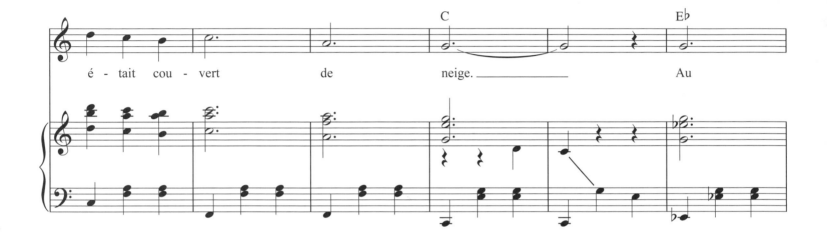

é - tait cou - vert de neige._____ Au

loin _____ dé - jà le ca - non to -

nnait. _____ Un jour, La -

ra, _____ _____ quand tour - ne - ra le vent, _____

un jour, La - ra, _____

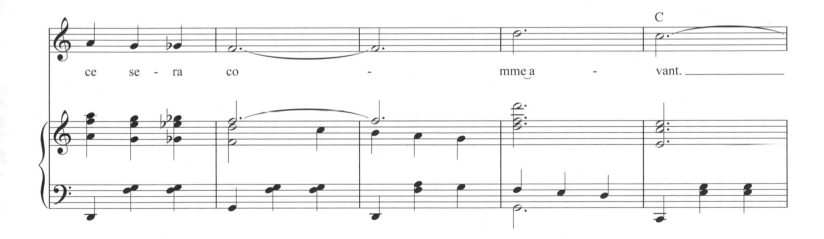

ce se - ra co - mme a - vant. _____

# MOON RIVER
## from the Paramount Picture BREAKFAST AT TIFFANY'S

Words by JOHNNY MERCER
Music by HENRY MANCINI

Slowly, with freedom

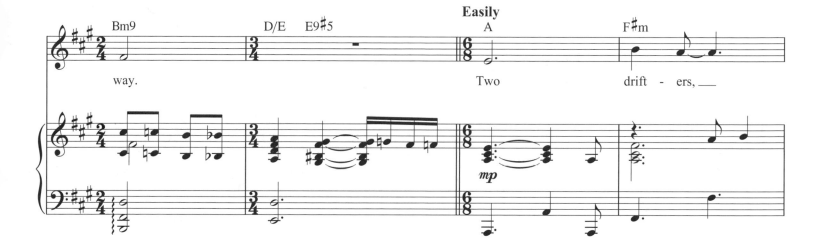

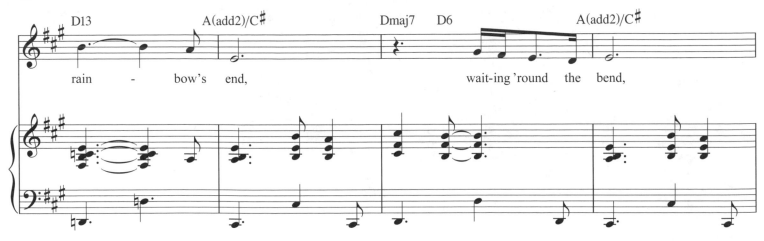

rain - bow's end, wait-ing 'round the bend,

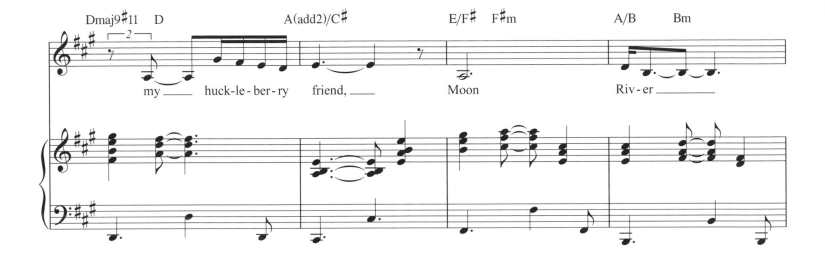

my ___ huck-le-ber-ry friend, ___ Moon Riv - er ___

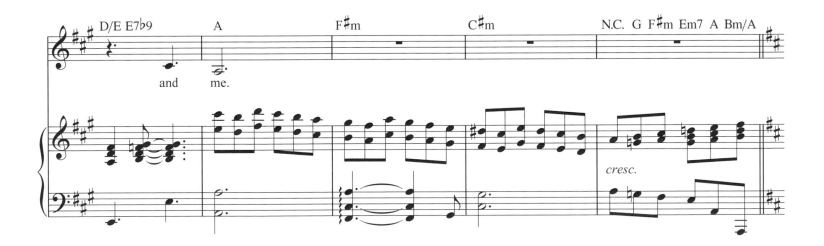

and me.

Oh, dream mak-er, you heart - break-er, wher-ev-er ___ you're go - ing, ___ I'm ___ go-ing your way.

Two drift-ers, _____ off ___ to see the world; there's such a lot of

**Slower, with freedom**

**Slowly**

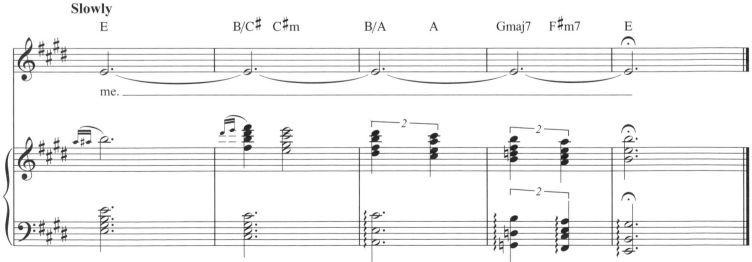

# E PIÙ TI PENSO
## (The More I Think of You)
### from ONCE UPON A TIME IN AMERICA

Words by GIULIO RAPETTI and TONY RENIS
Music by ENNIO MORRICONE

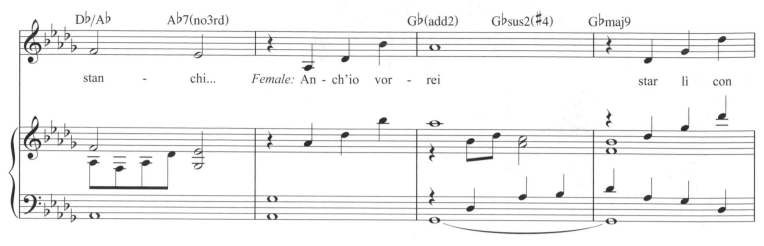

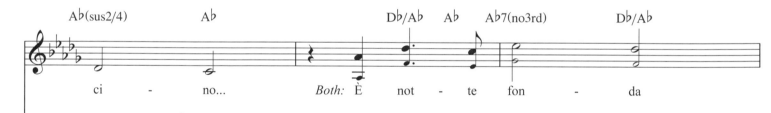

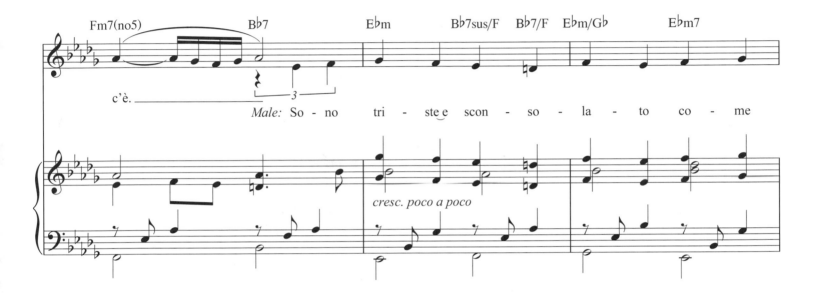

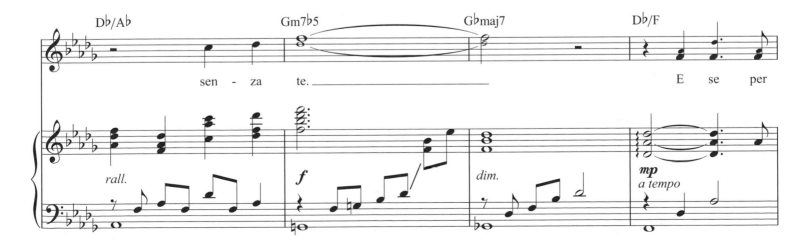

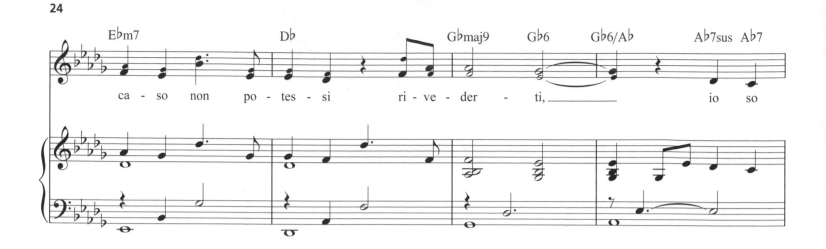

ca - so non po - tes - si ri - ve - der - ti, _____ io so

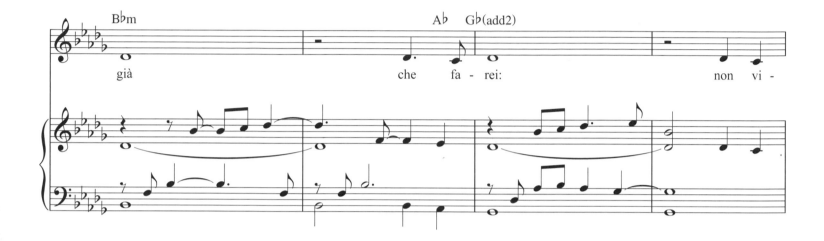

già che fa - rei: non vi -

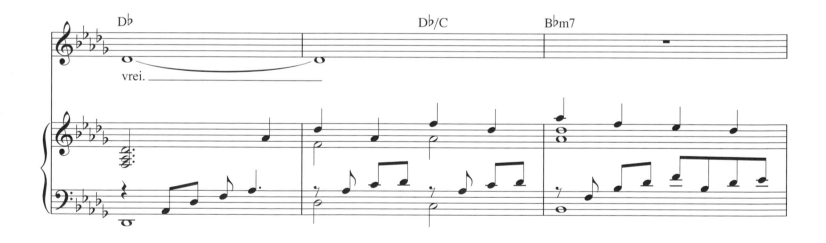

vrei. _____

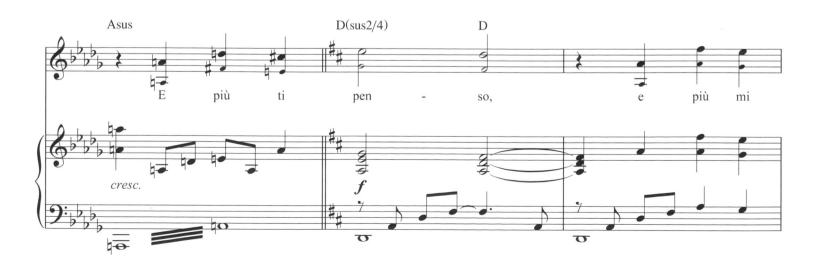

E più ti pen - so, e più mi

man - chi. *Male:* Son po - ca co - sa sen - za te; mi

sen - to un pe - sce che... *Female:* non ha l'a - cqua per nuo -

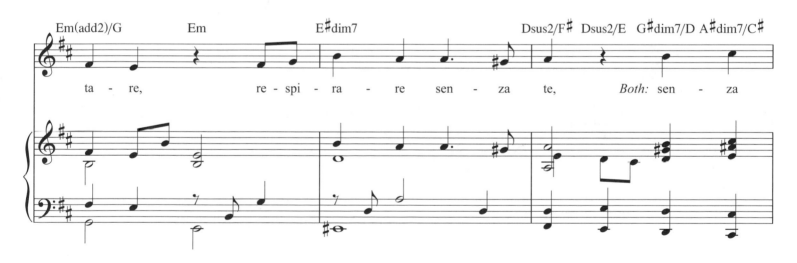

ta - re, re - spi - ra - re sen - za te, *Both:* sen - za

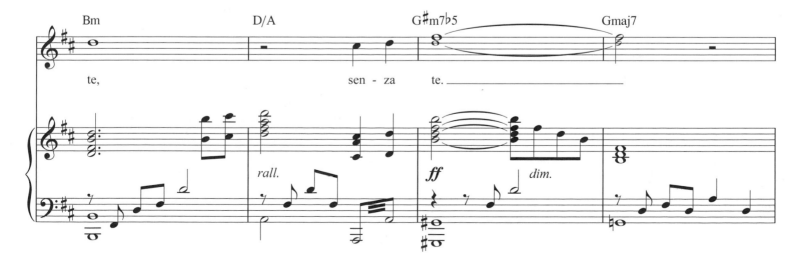

te, sen - za te. _____

E se per ca-so non po-tes-si ri-ve-der - ti,

io so già che fa - rei:

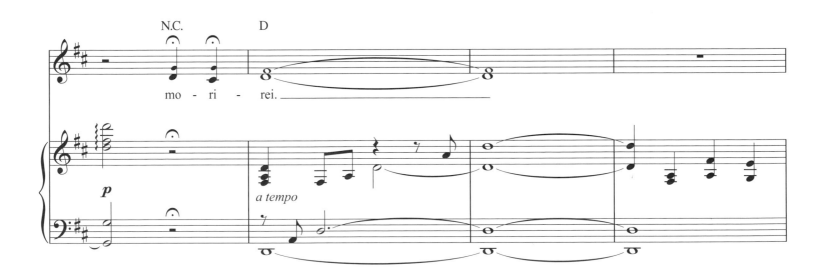

mo-ri - rei.

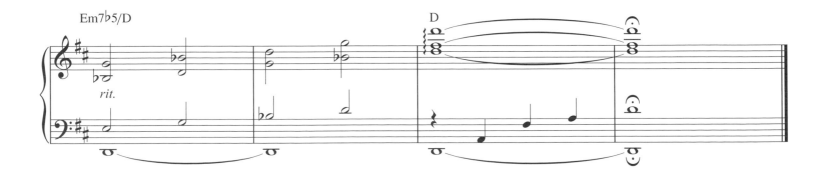

# BE MY LOVE
## from the film THE TOAST OF NEW ORLEANS

Words by SAMMY CAHN
Music by NICHOLAS BRODSZKY

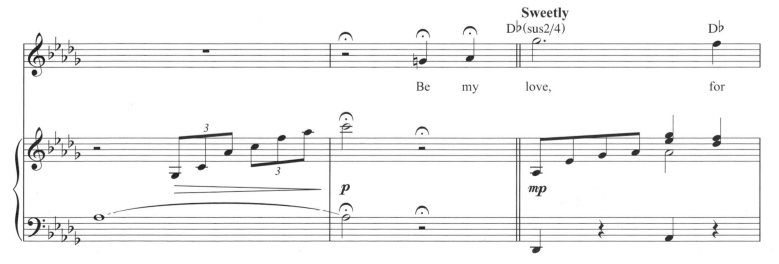

Be my love, for

no one else could end this yearn - ing, this need that

you and you a - lone cre - ate. Just fill my arms

the way you filled my dreams, the dreams that

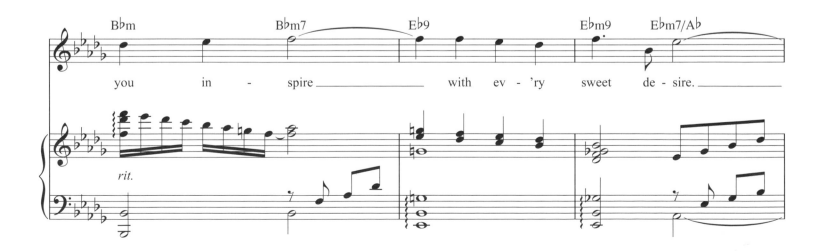

you in - spire _____ with ev - 'ry sweet de - sire. _____

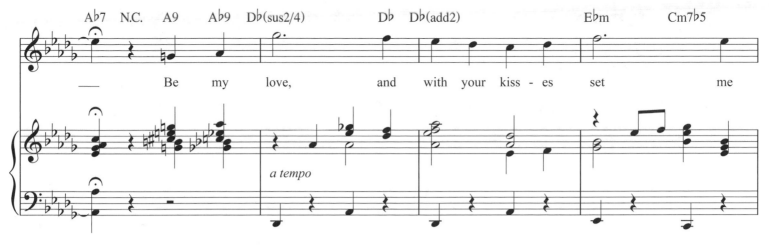

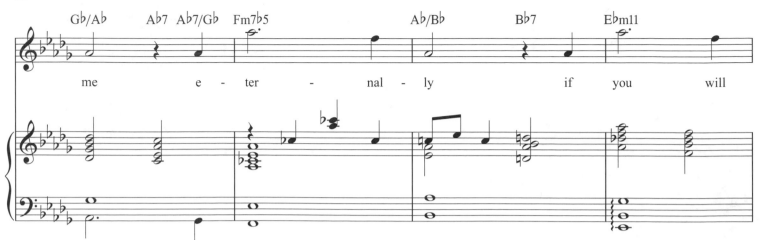

me e - ter - nal - ly if you will

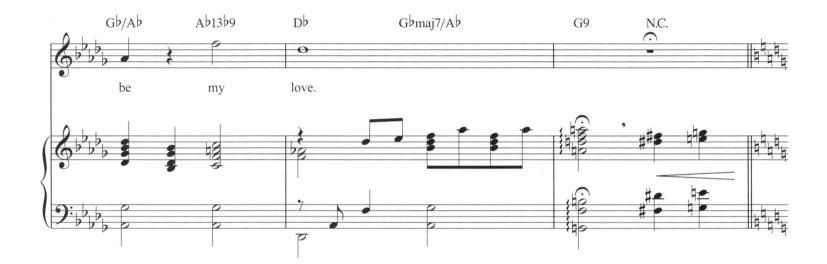

be my love.

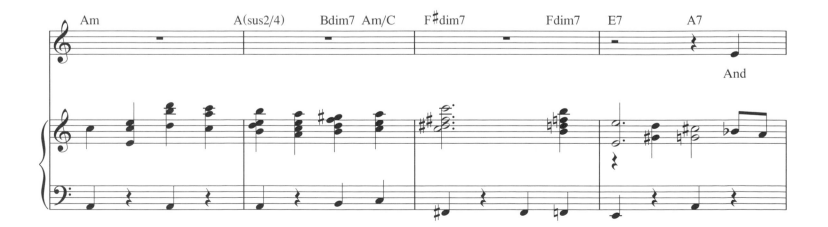

And

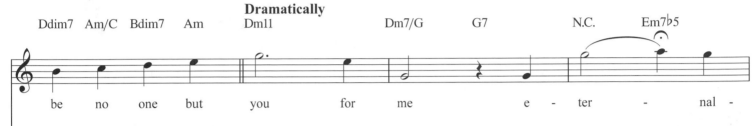

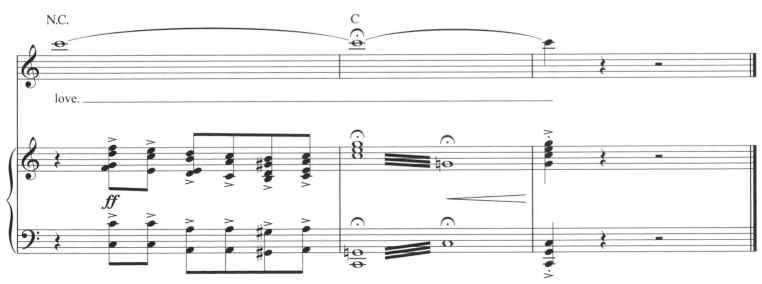

# THE MUSIC OF THE NIGHT
## from THE PHANTOM OF THE OPERA

Music by ANDREW LLOYD WEBBER
Lyrics by CHARLES HART
Additional Lyrics by RICHARD STILGOE

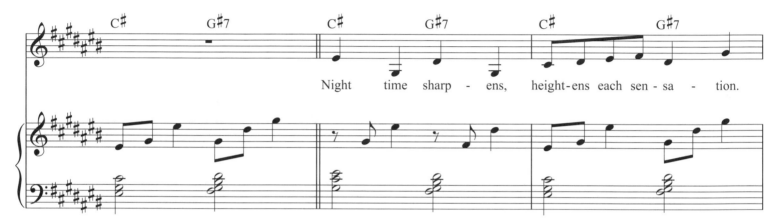

Night time sharp - ens, height-ens each sen - sa - tion.

Dark - ness stirs and wakes im - ag - i - na - tion. Si - lent-ly the sens - es a -

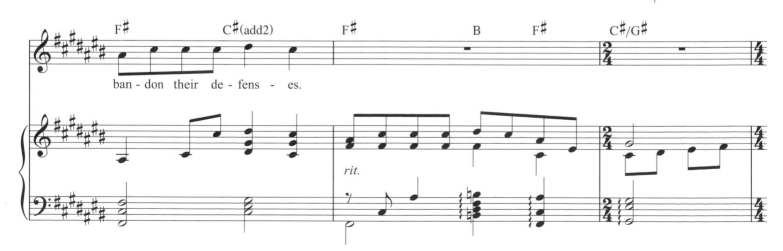

ban - don their de - fens - es.

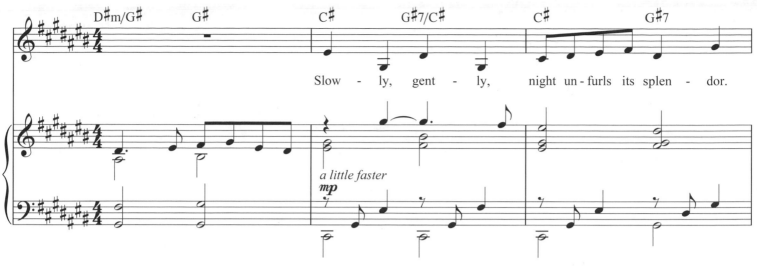

Slow - ly, gent - ly, night un-furls its splen - dor.

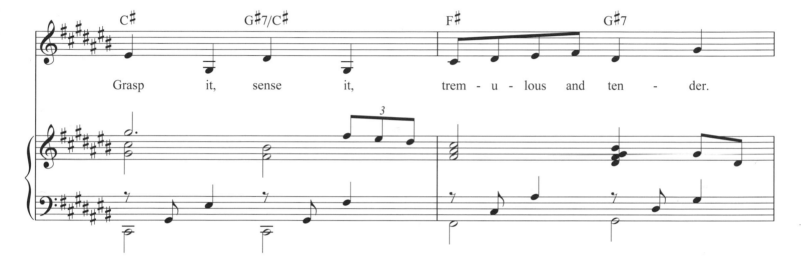

Grasp it, sense it, trem - u - lous and ten - der.

Turn your face a - way from the gar - ish light of day; turn your

thoughts a - way from cold, un - feel - ing light, and lis - ten to the mu - sic of the

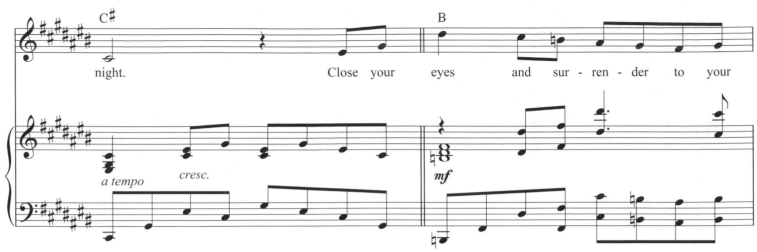

night. Close your eyes and sur-ren-der to your

dark-est dreams; purge your thoughts of the life you knew be-

fore. Close your eyes; let your spir-it start to

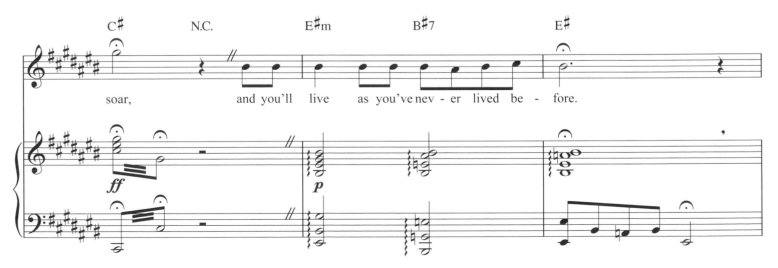

soar, and you'll live as you've nev-er lived be-fore.

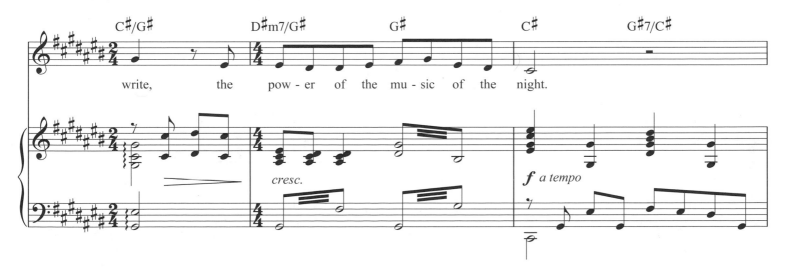

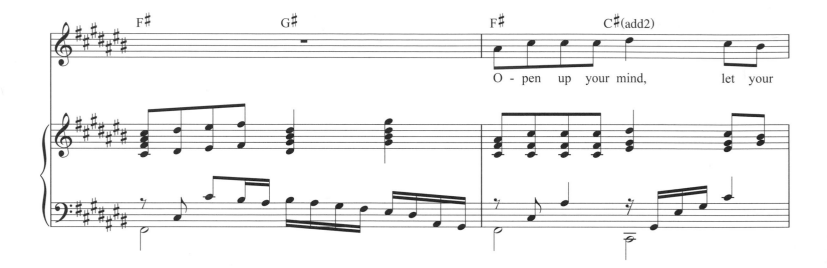

O - pen up your mind, let your

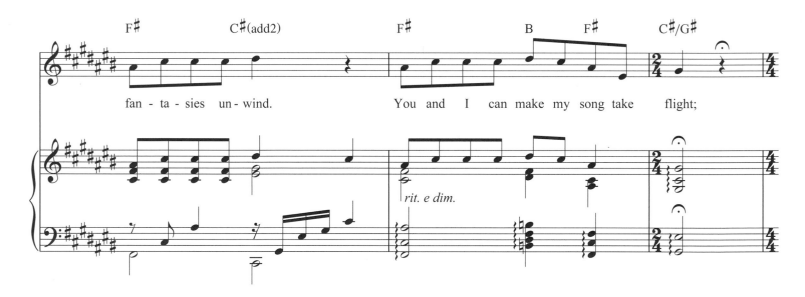

fan - ta - sies un - wind. You and I can make my song take flight;

help me make the mu - sic of the night. _____

# BRUCIA LA TERRA
## from the Paramount Picture THE GODFATHER III

Words and Music by GIUSEPPE RINALDI
and NINO ROTA

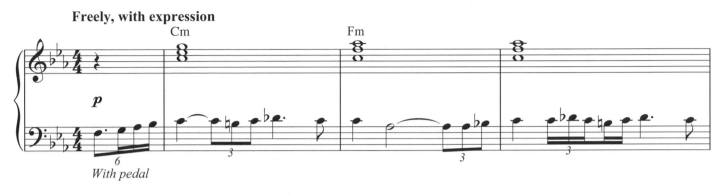

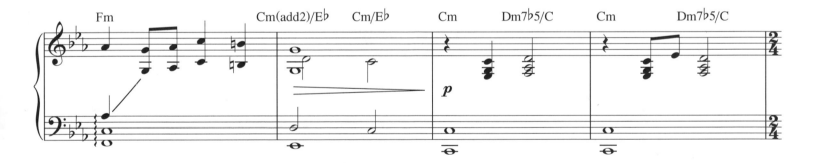

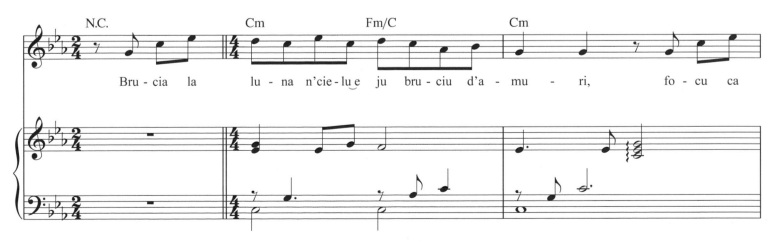

Bru - cia la lu - na n'cie - lu e ju bru - ciu d'a - mu - ri, fo - cu ca

si con-su-ma co-mu lu me co - ri. L'a-ni-ma chian - ci___ ad-du-lu-

ra - ta. Non si da pa-ci chi-sta é na ma-la nut-ta - ta.

Bru-cia la ter-ra mia e ab-bru-cia lu me co - ri. Cchi si ti

d'a-cqua id-da e ju si ti d'a-mu - ri. A-cu la can-tu___ la me can-

zu - ni si no c'e nud - du ca s'af - fa - cia a lu bar -

cu - ni. Lu tem - pu pas - sa, ma non ag -

ghior - na. Non c'e mai su li_____ s'id - da non tor - na.

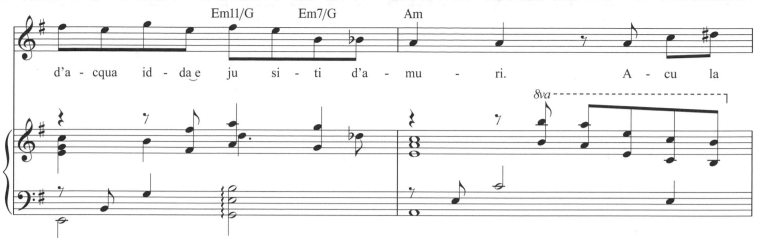

d'a-cqua id-da e ju si-ti d'a-mu-ri. A-cu la

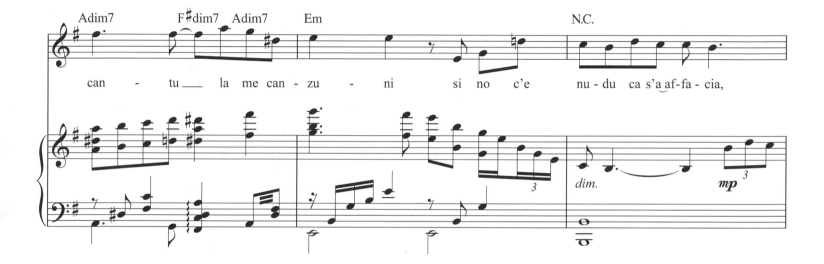

can - tu __ la me can-zu - ni si no c'e nu-du ca s'a af-fa-cia,

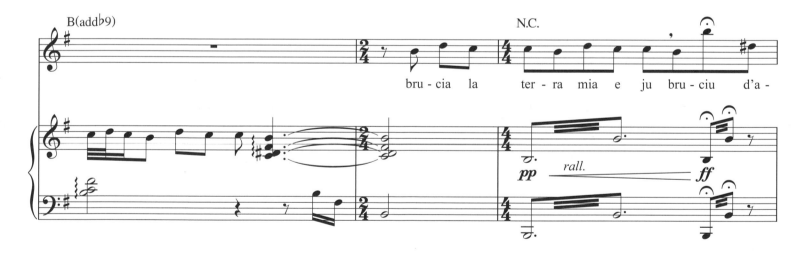

bru-cia la ter-ra mia e ju bru-ciu d'a-

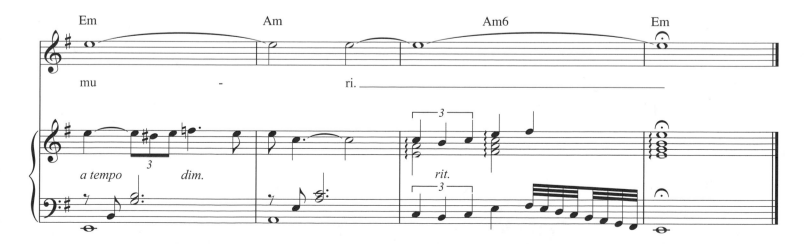

mu - ri. __

# POR UNA CABEZA
## from SCENT OF A WOMAN

Lyrics by ALFREDO LE PERA
Music by CARLOS GARDEL

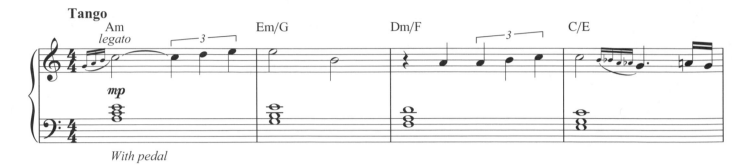

Por u-na ca-be-za de un no-ble po-tri-llo que jus-to en la
ga-ños por u-na ca-be-za yo ju-re mil

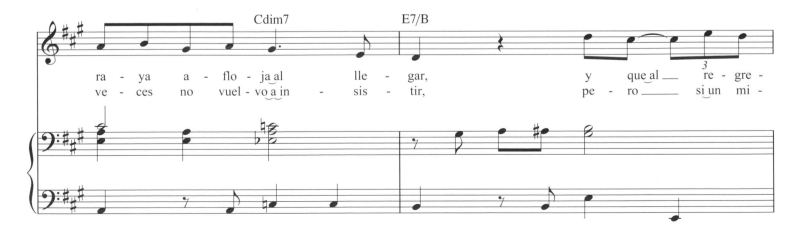

ra-ya a-flo-ja al lle-gar, y que al___ re-gre-
ve-ces no vuel-vo a in-sis-tir, pe-ro___ si un mi-

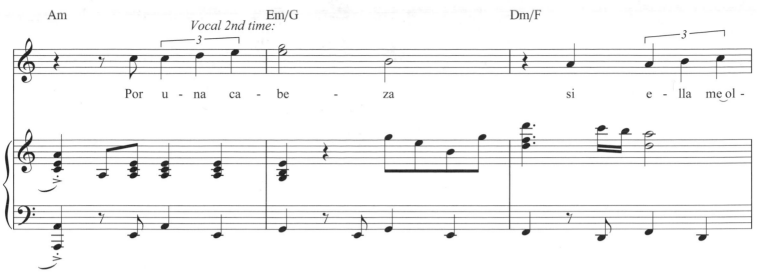

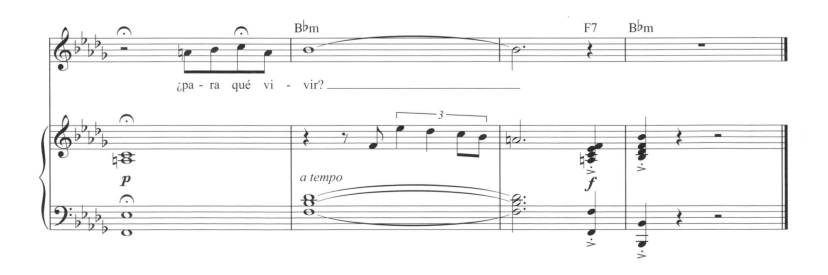

# NO LLORES POR MI ARGENTINA

## from EVITA

Lyrics and Music by ANDREW LLOYD WEBBER
and TIM RICE
Spanish Lyrics by J. CARRERAS,
I. ARTIME GRANDA and J. AZPILLICUIETA PEREZ

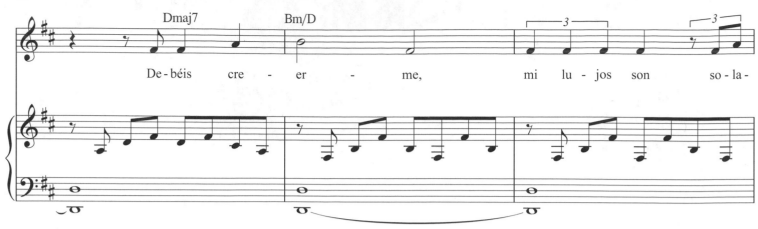

De-béis cre - er - me, mi lu - jos son so - la-

men - te un dis - fraz, un jue - go bu - gués, na - da más, las

re - glas del ce - re - mo - nial.

*Male:* Te - ní - a que a - cep - tar_____ de - bí cam -

biar y de-jar de vi-vir en __ lo gris, siem-pre

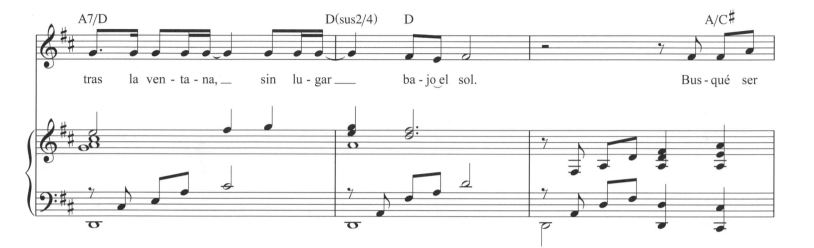

tras la ven-ta-na, __ sin lu-gar __ ba-jo el sol. Bus-qué ser

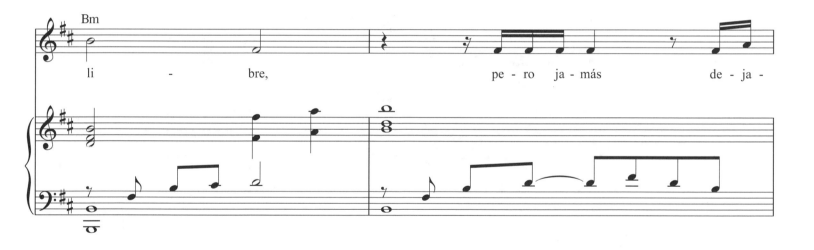

li - bre, pe-ro ja-más de-ja-

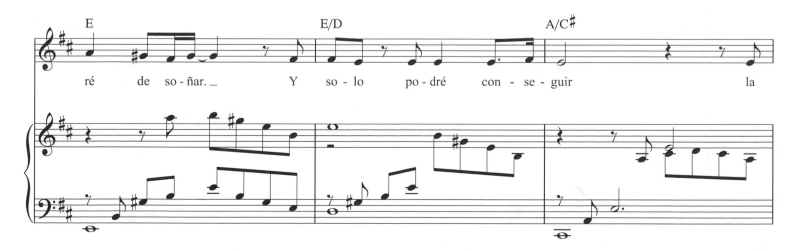

ré de so-ñar. __ Y so-lo po-dré con-se-guir la

fe que que-rrás com-par-tir. *Both:* No llo-res__ por mí, Ar-gen-

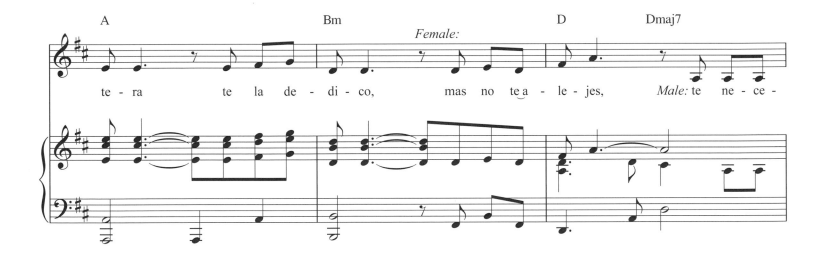

ti - na, mi al - ma__ es - tá con - ti - go. Mi vi - da en-

te - ra te la de - di - co, mas no te a - le - jes, *Male:* te ne - ce -

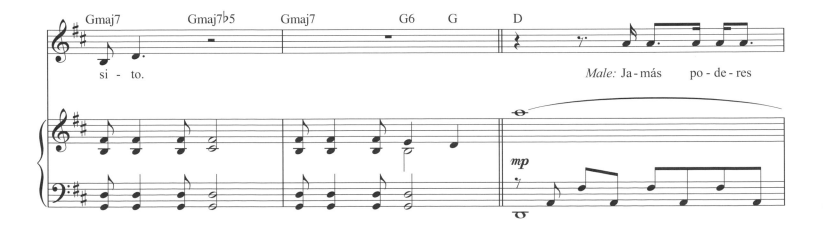

si - to. *Male:* Ja - más po - de - res

am-bi - cio - né. _____ Men-ti-ras di-je-ron de

mí. Mi lu-gar _____ vues-tro es, por vo-so-tros lu-ché. _____

*Female:* Yo só-lo quie-ro sen-ti-ros _____ muy cer-ca, po-

der in - ten-tar _____ a-brir mi ven-ta - na y _ sa-

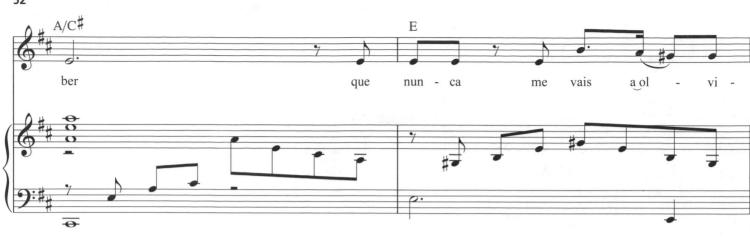

ber      que nun - ca   me vais a ol - vi -

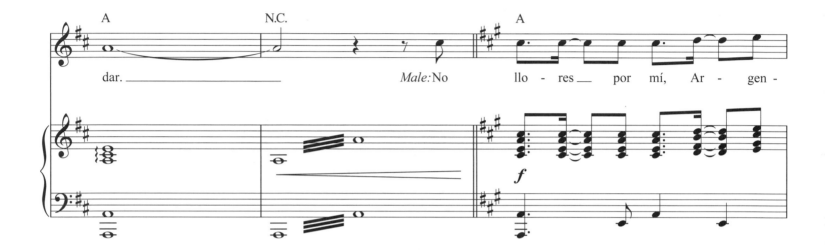

dar. _____     *Male:* No llo - res __ por mí, Ar - gen -

ti - na,    mi al - ma __ es - tá con - ti - go.   Mi vi - da en-

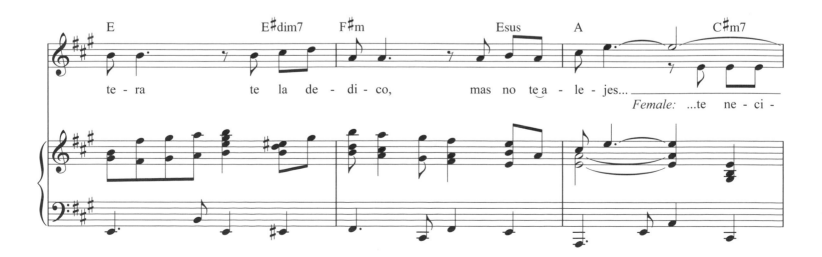

te - ra    te la de - di - co,    mas no te a - le - jes... _____

*Female:* ...te ne - ci -

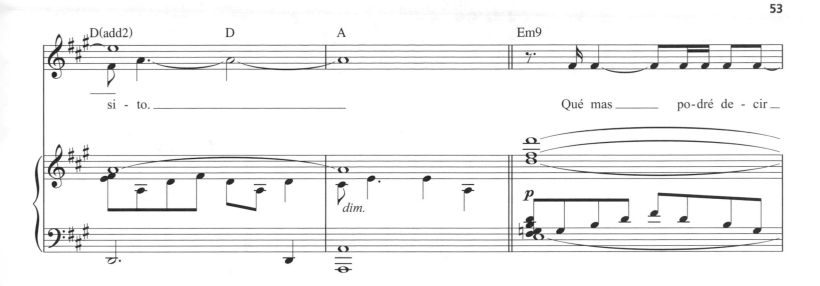

si - to. _____ Qué mas _____ po - dré de - cir _____

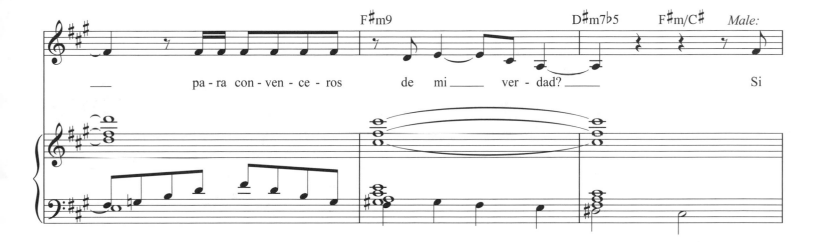

_____ pa - ra con - ven - ce - ros de mi _____ ver - dad? _____ *Male:* Si

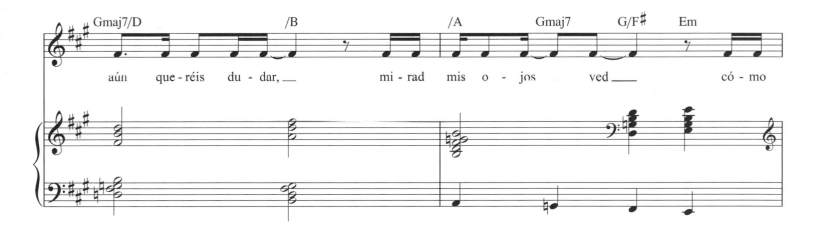

aún que - réis du - dar, _____ mi - rad mis o - jos ved _____ có - mo

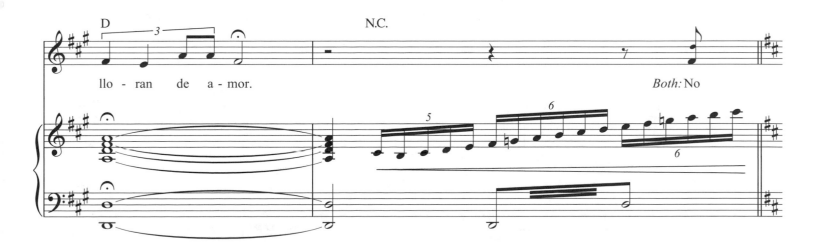

llo - ran de a - mor. *Both:* No

llo - res__ por mí, Ar - gen - ti - na,     mi al - ma__ es - tá con -

ti - go.  Mi vi - da en - te - ra   te la de - di - co,   mas no te a -

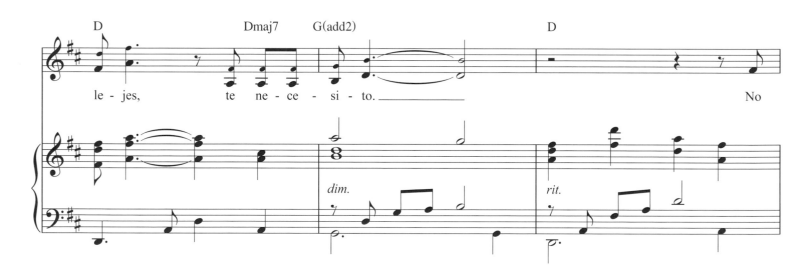

le - jes,   te ne - ce - si - to._____   No

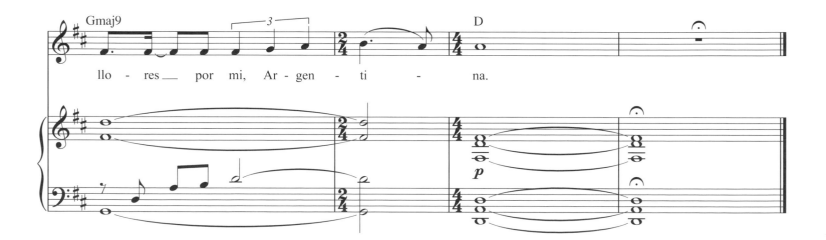

llo - res__ por mi, Ar - gen - ti - na.

# L'AMORE E' UNA COSA MERAVIGLIOSA
## (Love Is a Many-Splendored Thing)

Words by PAUL FRANCIS WEBSTER
Music by SAMMY FAIN
Italian Lyrics by ALBERTO CURCI

**Moderately slow**

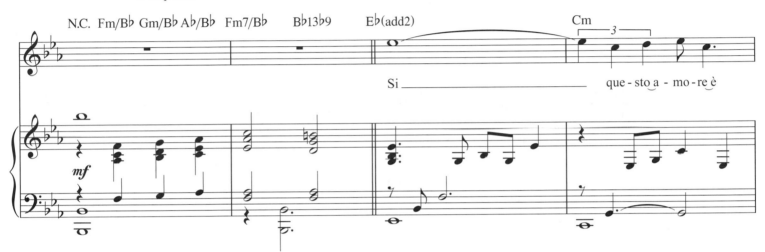

Si _____ que-sto a - mo-re è

splen - di - do, è la co - sa _____ più pre -

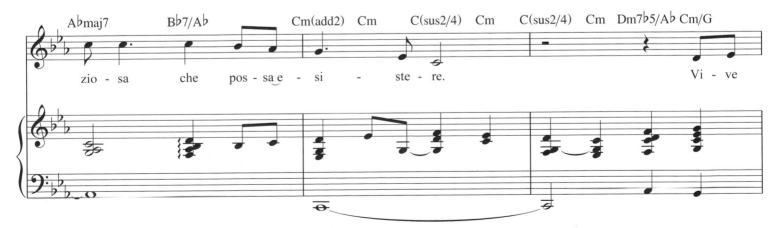

zio - sa che pos-sa e - si - ste - re. Vi - ve

d'om - bra e dal - la lu - ce tor - men - ta, e pu - re pa - ce in -

fer - no e pa - ra - di - so d'o - gni cuor. _____

**Easy Swing**

Love _____ is a man - y splen - dored thing, co - me il

so - le _____ più del _____ so - le tut - ti ci il - lu - mi - na. È qual -

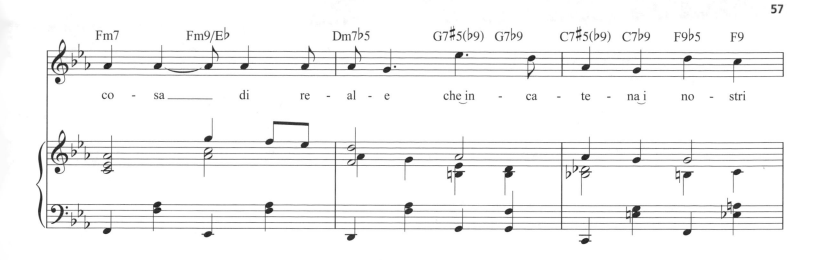

co - sa ____ di re - al - e che in - ca - te - na i no - stri

cuor. A - mo - re... me - ra - vi - glio - so a -

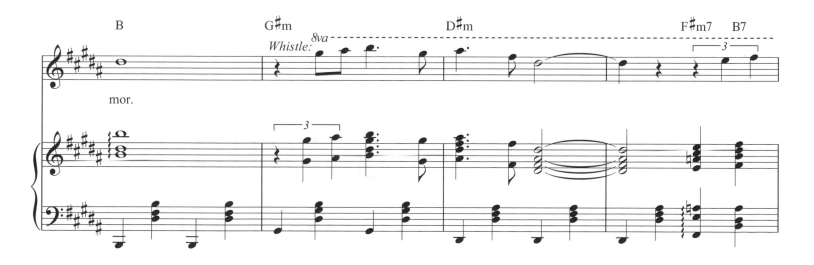

mor.

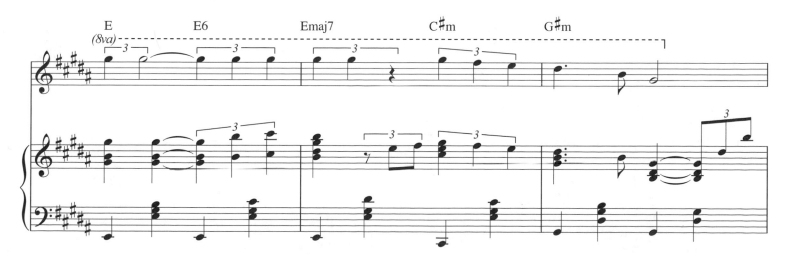

*Vocal:*
Vi - ve d'om - bra e \_\_\_ dal - la lu - ce tor -

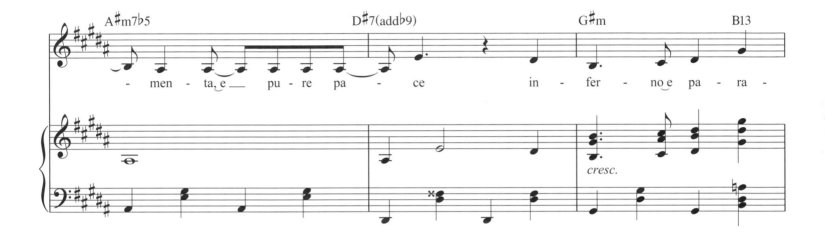

- men - ta, e \_\_\_ pu - re pa - ce in - fer - no e pa - ra -

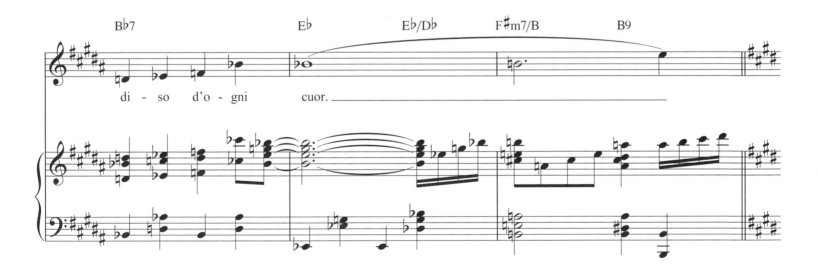

di - so d'o - gni cuor. \_\_\_

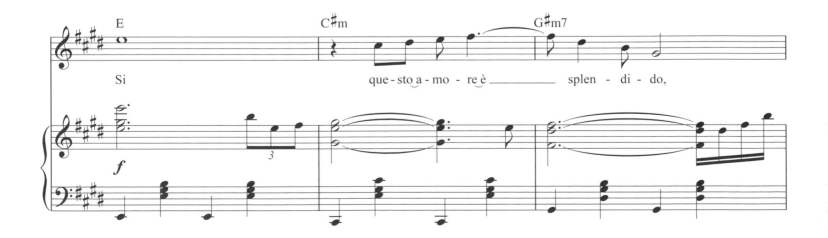

Si que - sto a - mo - re è \_\_\_ splen - di - do,

# MI MANCHERAI

## from IL POSTINO

Music by LUIS E. BACALOV
Lyrics by MARCO MARINANGELI

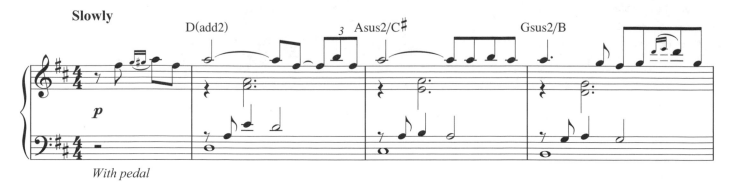

**Slowly**

*With pedal*

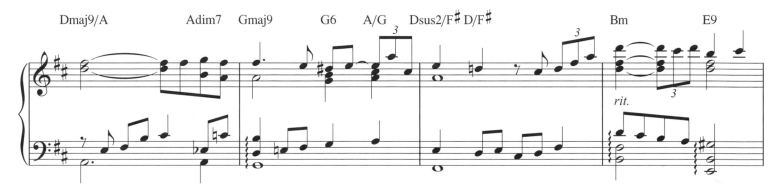

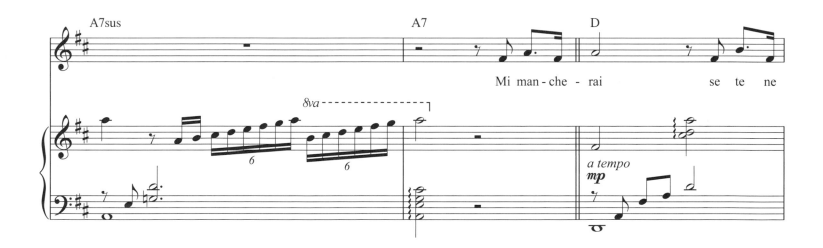

Mi man-che-rai se te ne

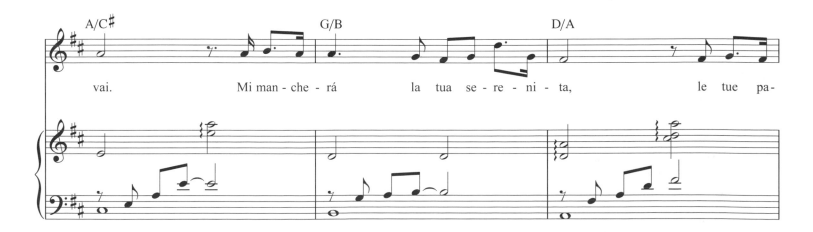

vai. Mi man-che-rá la tua se-re-ni-ta, le tue pa-

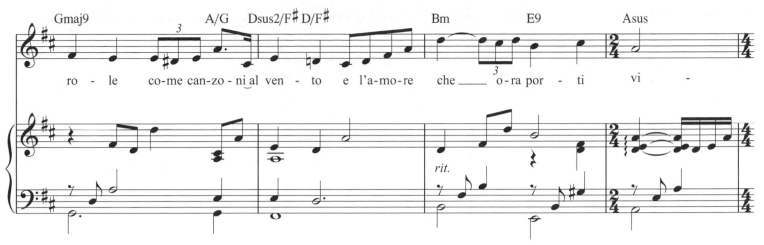

ro - le co-me can-zo-ni al ven - to e l'a-mo-re che __ o-ra por-ti vi -

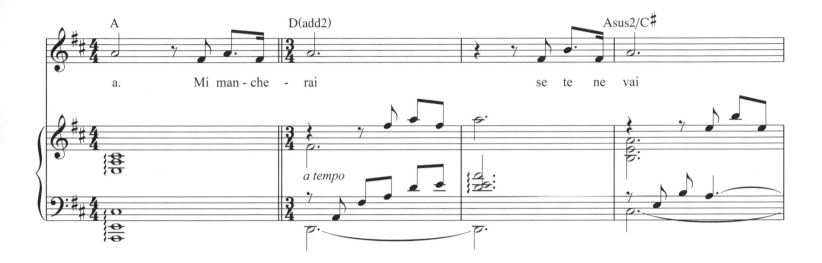

a. Mi man-che - rai se te ne vai

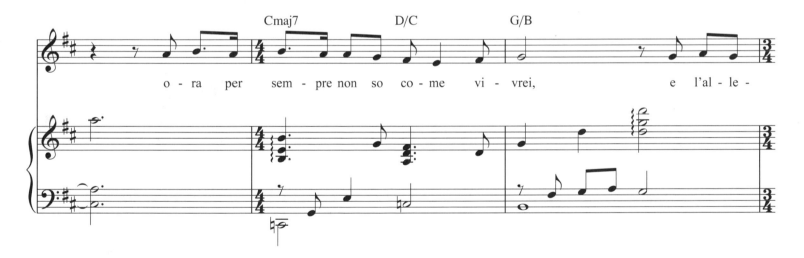

o - ra per sem - pre non so co - me vi - vrei, e l'al - le -

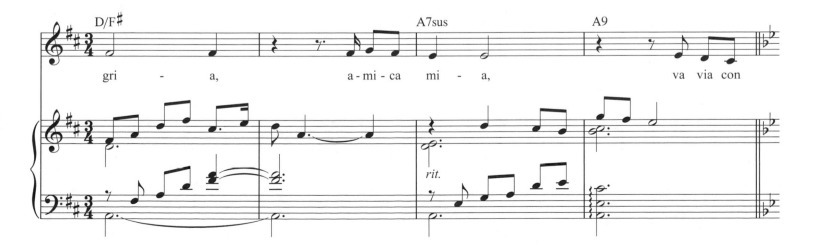

gri - a, a - mi-ca mi - a, va via con

**With more motion**

te. Mi man - che - rai, mi man - che - rai. Per - ché vai

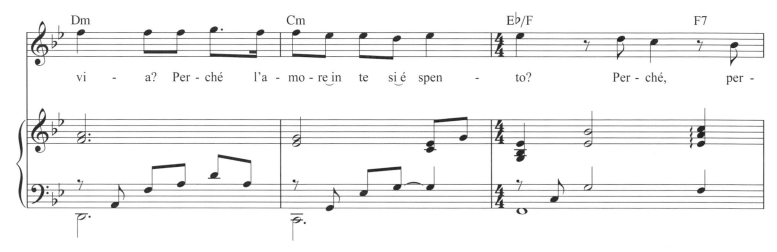

vi - a? Per - ché l'a - mo - re in te si é spen - to? Per - ché, per -

ché? Non cam - bie - rà nien - te lo so, e den - tro sen - to

**Tempo I**

te.

**With more motion**

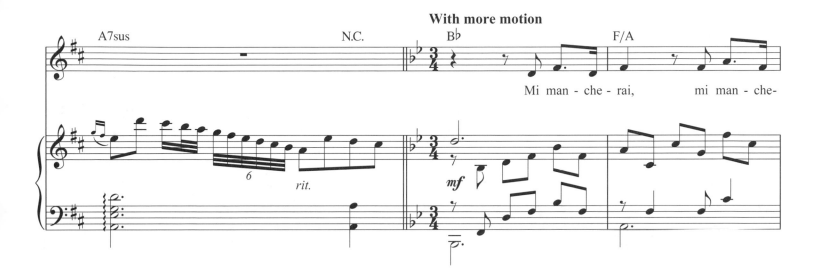

Mi man - che - rai, mi man - che-

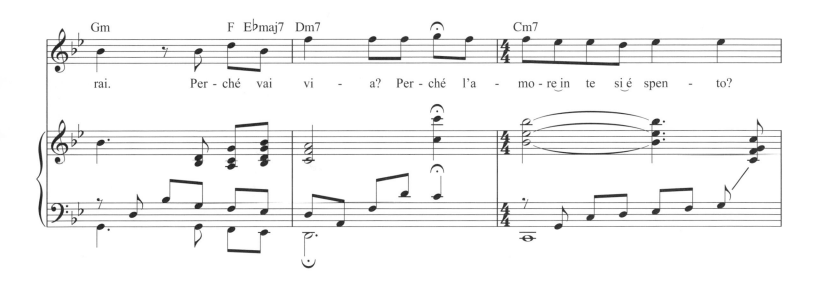

rai. Per - ché vai vi - a? Per - ché l'a - mo - re in te si é spen - to?

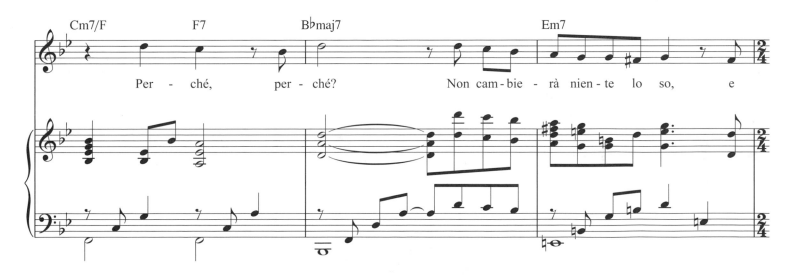

Per - ché, per - ché? Non cam - bie - rà nien - te lo so, e

**Tempo I**

dentro sento che... _____ Mi manche - rà l'immensi -

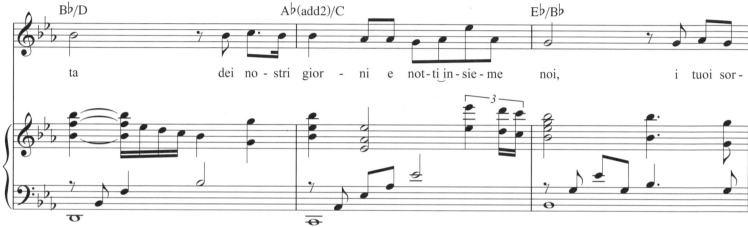

ta dei nostri giorni e notti insieme noi, i tuoi sor -

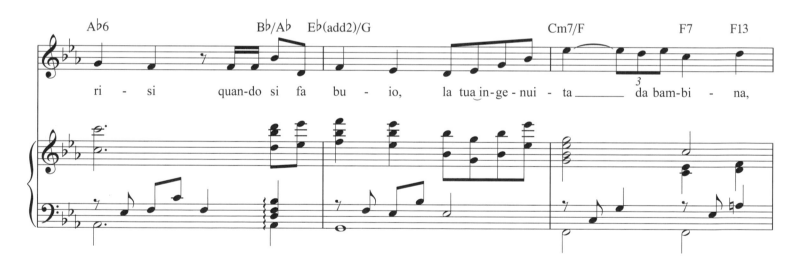

ri - si quando si fa buio, la tua ingenuità _____ da bambi - na,

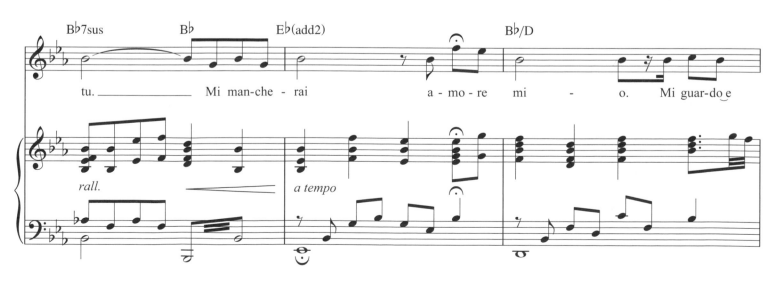

tu. _____ Mi manche - rai amore mi - o. Mi guardo e

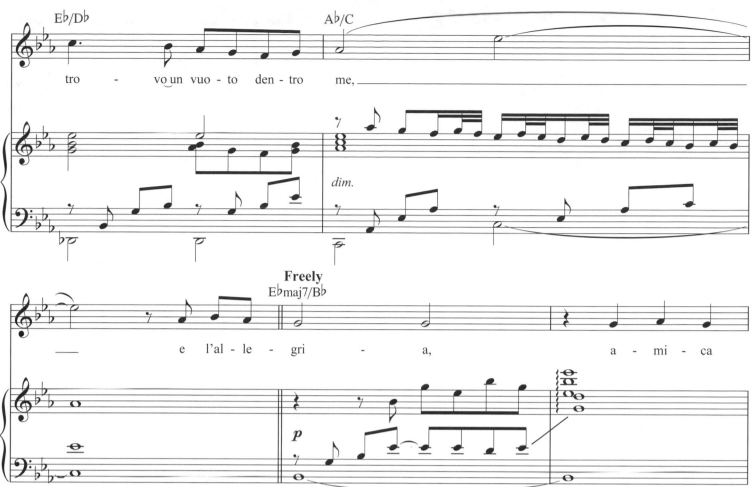

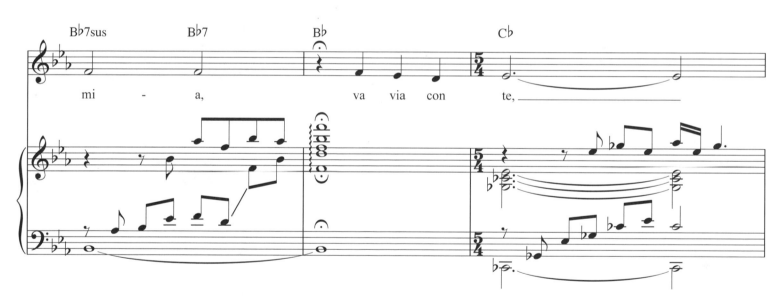

# CHEEK TO CHEEK
## from the RKO Radio Motion Picture TOP HAT

Words and Music by
IRVING BERLIN

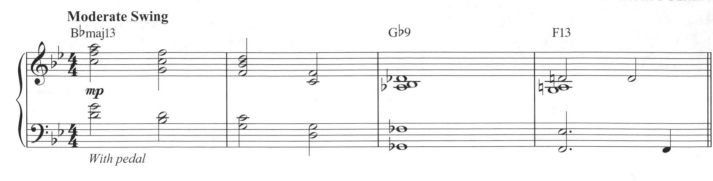

Sei la don - na più __ in - cre - di - bi - le __ che c'è.

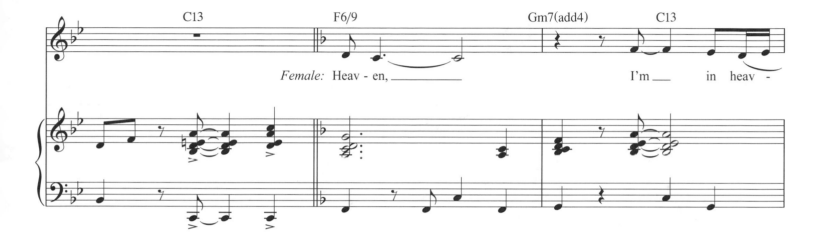

*Female:* Heav - en, _____ I'm __ in heav -

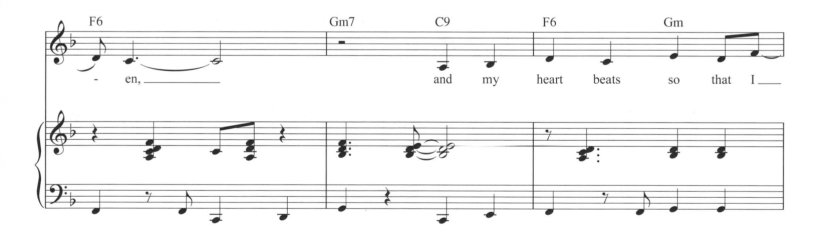

- en, _____ and my heart beats so that I __

__ can hard - ly speak, and I've

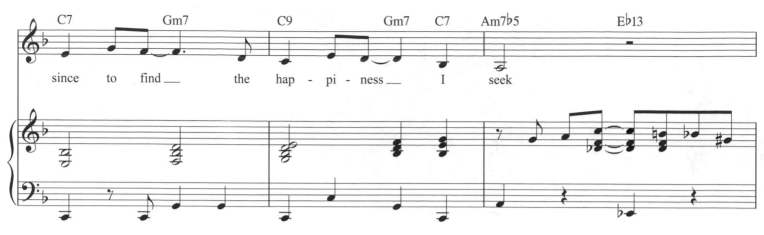

since to find ___ the hap - pi - ness ___ I seek

when we're out ___ to - geth - er danc - ing cheek to cheek. ___

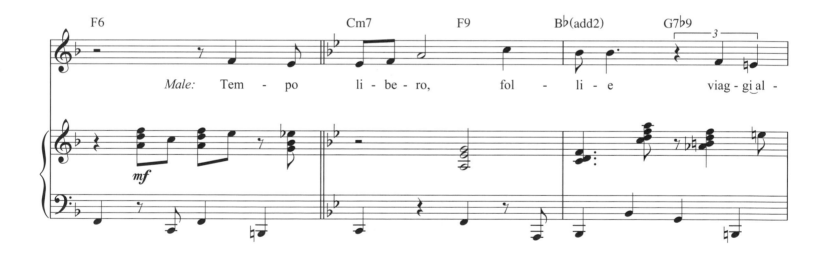

*Male:* Tem - po li - be - ro, fol - li - e viag - gi al -

l'e - ste - ro, mac - chè! *Female:* Nien - te al mon - do è co - sì bel -

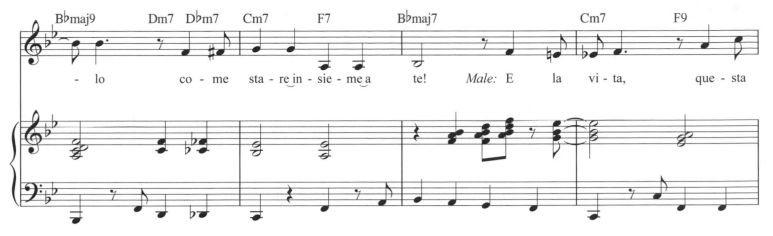

-lo  co - me  sta - re in - sie - me a  te!  *Male:* E  la  vi - ta,  que - sta

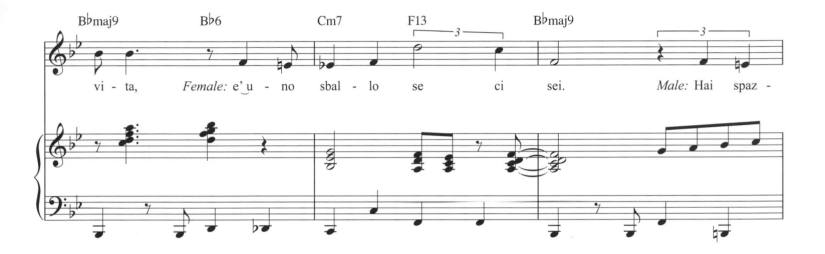

vi - ta,  *Female:* e'u - no  sbal - lo  se  ci  sei.  *Male:* Hai  spaz -

za - to  via i _ pro - ble — mi  le  pa - u - re, i  dub - bi  miei. *Both:* Che _ bel - lo

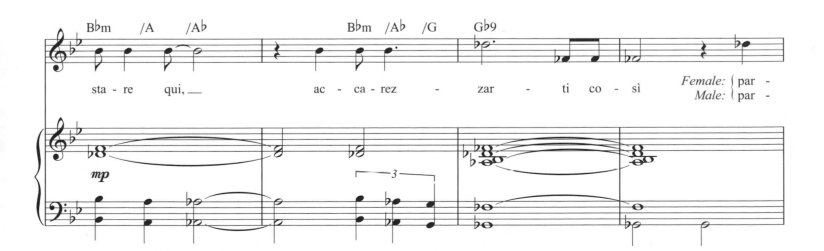

sta - re  qui, __  ac - ca - rez - zar - ti  co - sì  *Female:* { par -
 *Male:* { par -

Both: Heav - en, _____ I'm _____ in heav - en, _____

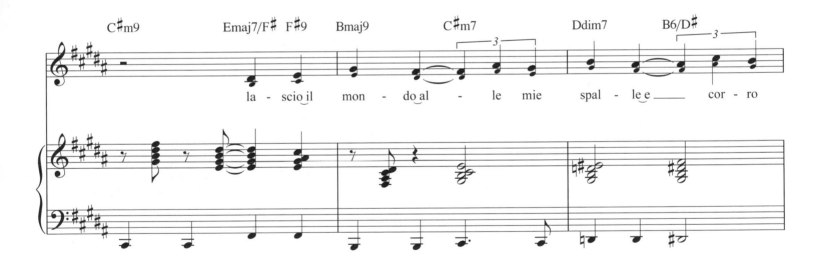

la - scio il mon - do al - le mie spal - le e _____ cor - ro

qui, for - se non è bel - lo,

*Female sings cue-size notes.*

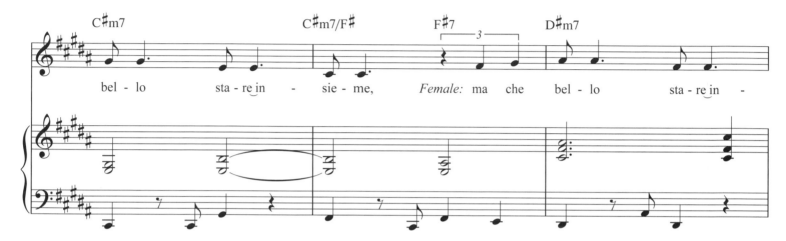

# HISTORIA DE AMOR
## from the Paramount Picture LOVE STORY

Words and Music by FRANCIS LAI
and CARL SIGMAN

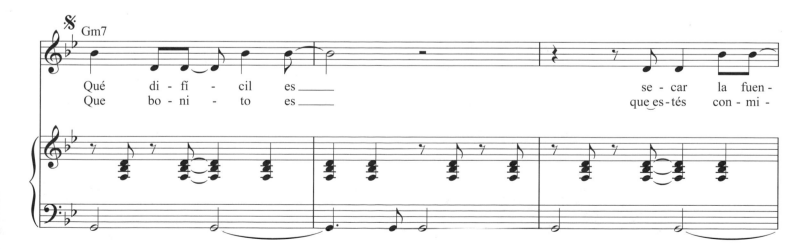

Qué di-fí - cil es _____ se-car la fuen-
Que bo-ni - to es _____ que es-tés con-mi-

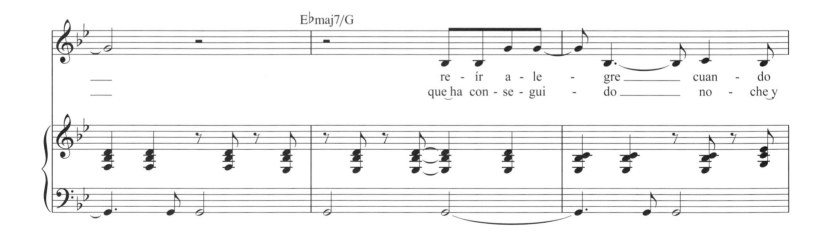

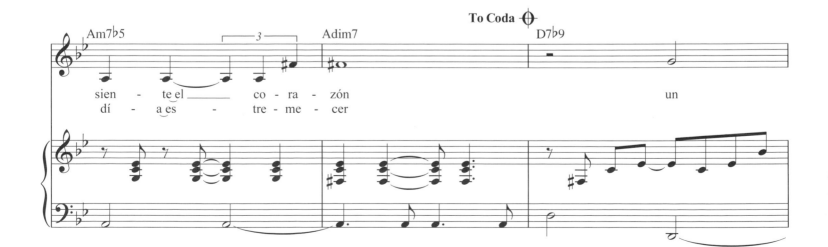

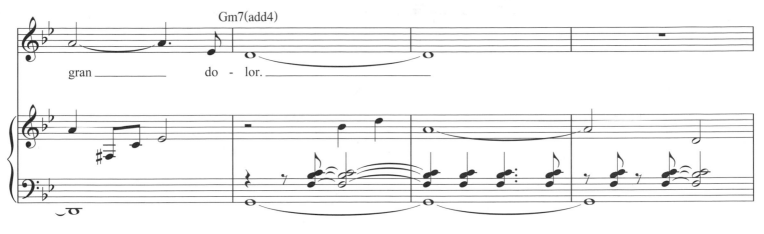

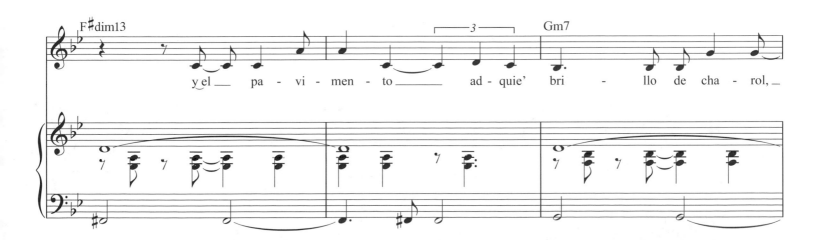

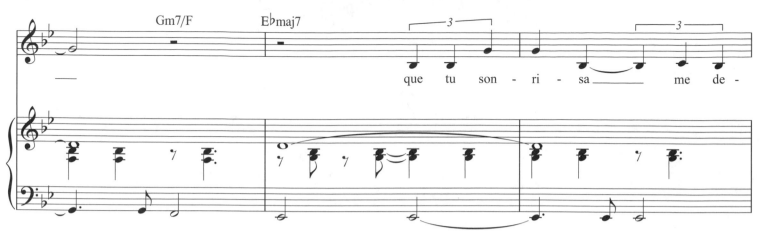

que tu son - ri - sa \_\_\_\_ me de -

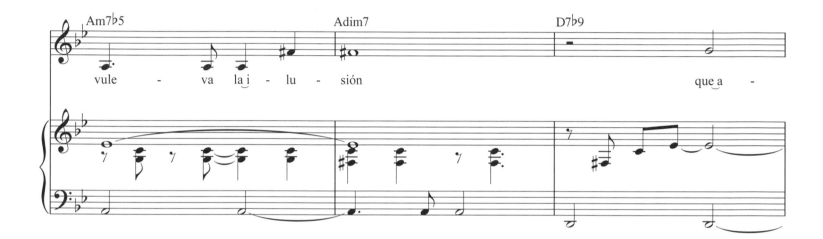

vue - la i - lu - sión que a -

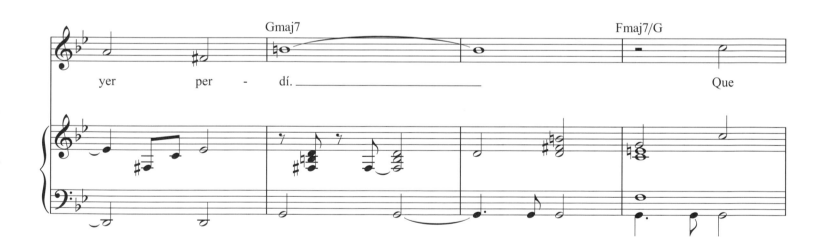

yer per - dí. _____ Que

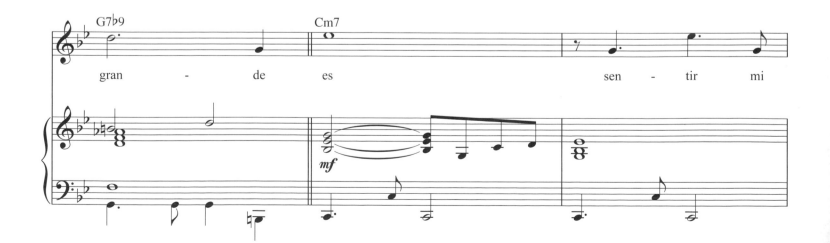

gran - de es sen - tir mi

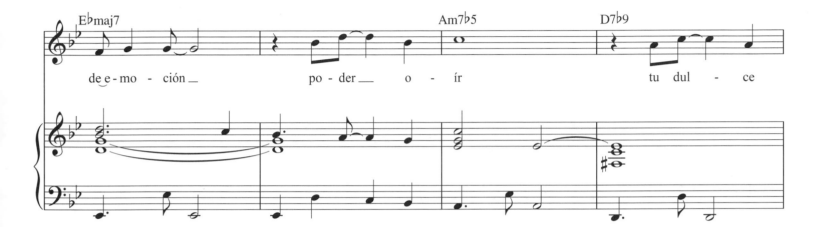

stan - te ___ de ser ___ pa - ra ti un gran a -

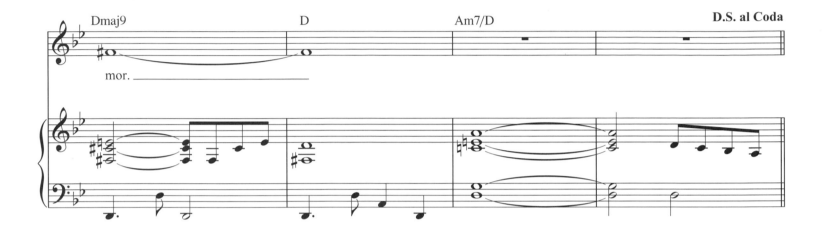

**D.S. al Coda**

mor. ___

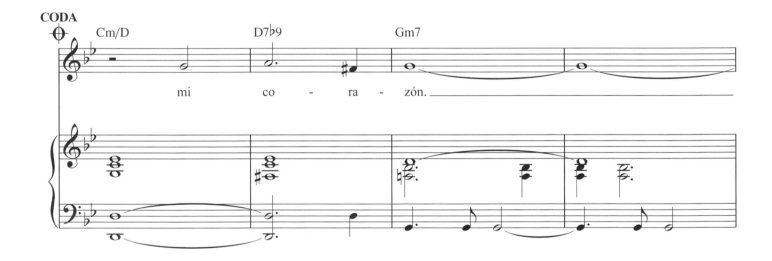

**CODA**

mi co - ra - zón. ___

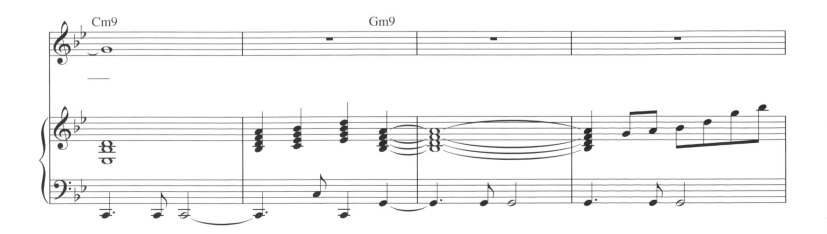

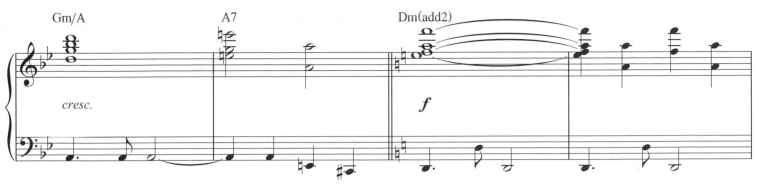

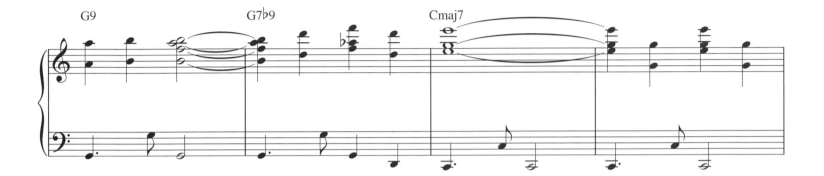

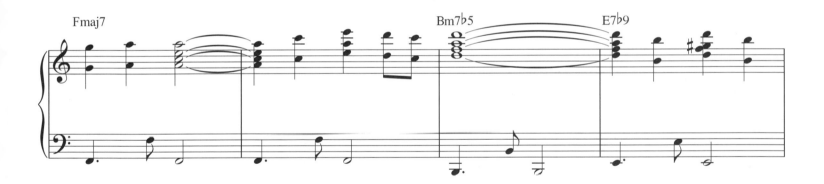

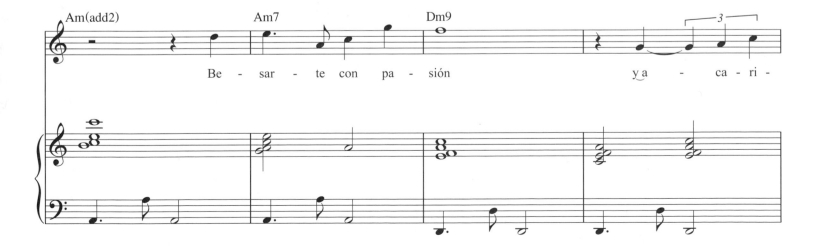

Be - sar - te con pa - sión   y a - ca - ri -

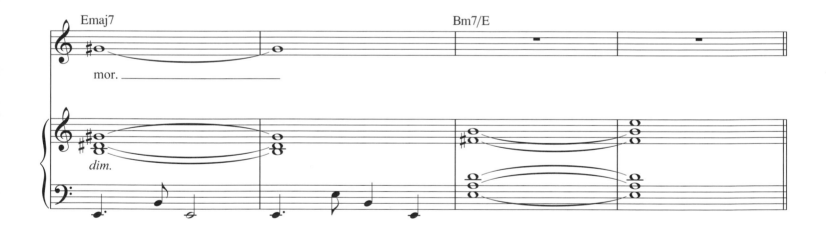

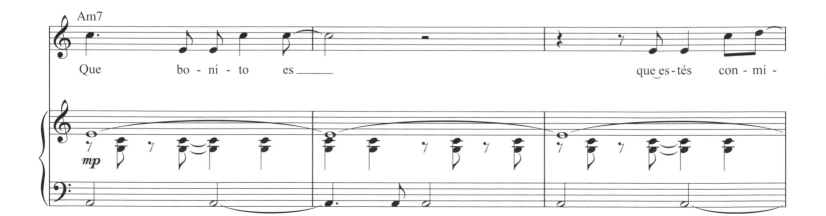

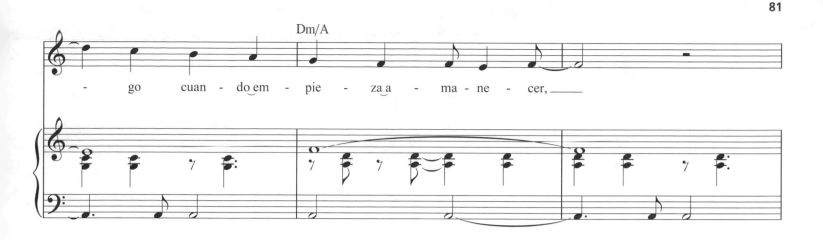

-go cuan-do em-pie - za a - ma-ne - cer,____

po - der con - tar las ho-ras dul - ces de es-te a - mor,_

que ha con - se - gui - do no - che y

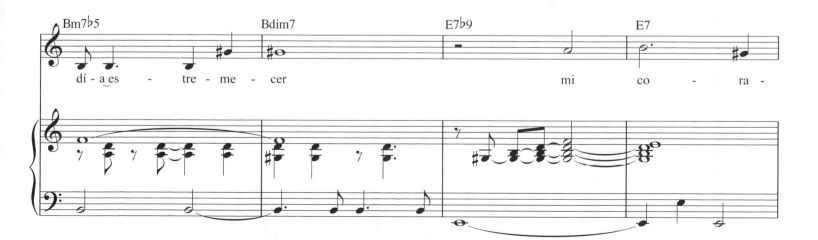

dí - a es - tre - me - cer mi co - ra -

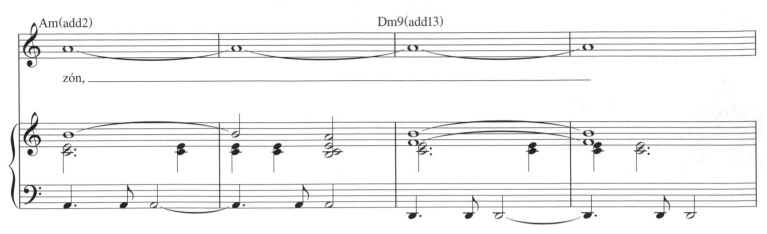

zón,

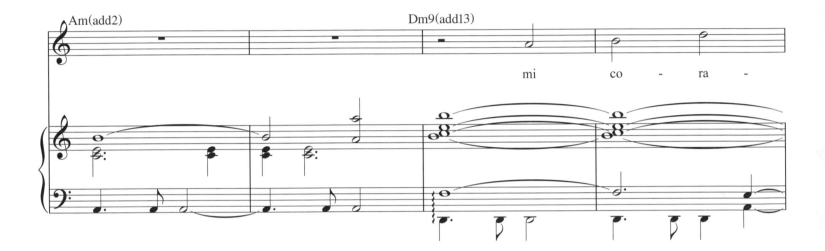

mi      co   -   ra   -

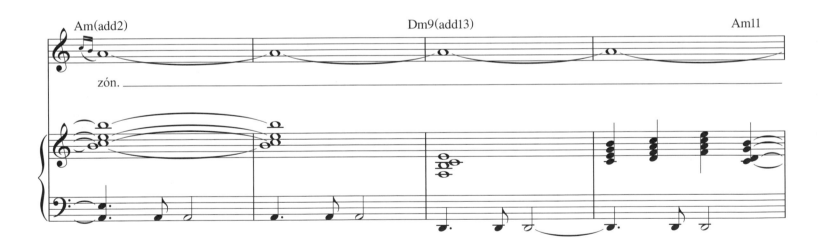

zón.

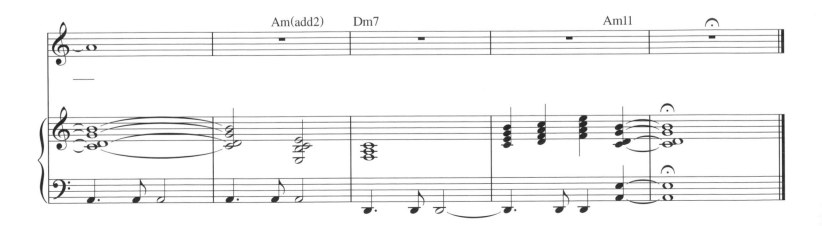

# OL' MAN RIVER

## from SHOW BOAT

Lyrics by OSCAR HAMMERSTEIN II
Music by JEROME KERN

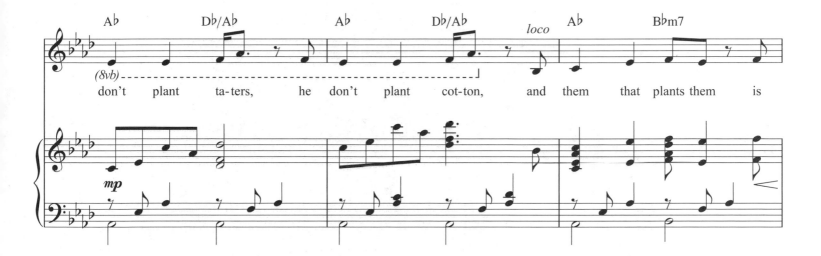

long.

**Faster**

You and me, we sweat and strain, bod-ies all ach-in' and

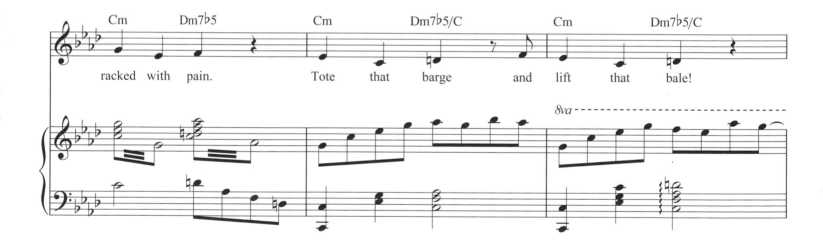

racked with pain. Tote that barge and lift that bale!

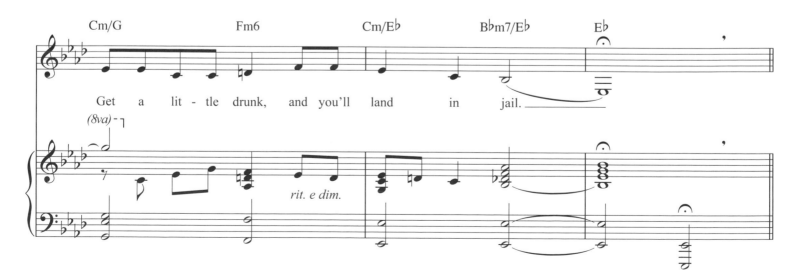

Get a lit-tle drunk, and you'll land in jail.

# NELLE TUE MANI
## from GLADIATOR

Music by LISA GERMAINE GERRARD,
KLAUS BADELT and HANS FLORIAN ZIMMER

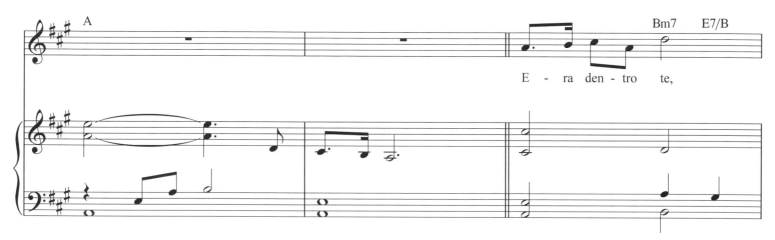

E - ra den - tro te,

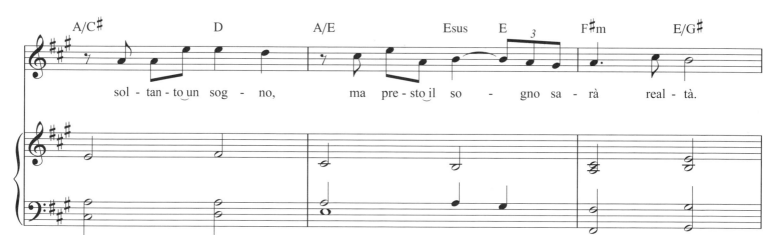

sol - tan - to un so - gno, ma pre - sto il so - gno sa - rà real - tà.

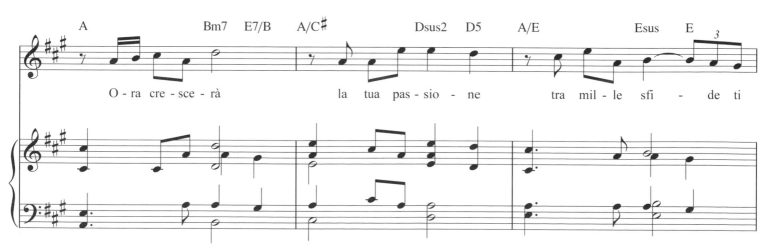

O - ra cre - sce - rà la tua pas - sio - ne tra mil - le sfi - de ti

gui - de - rà, cre-di in te. In o - gni

at - ti - mo tu po - trai sce - glie -

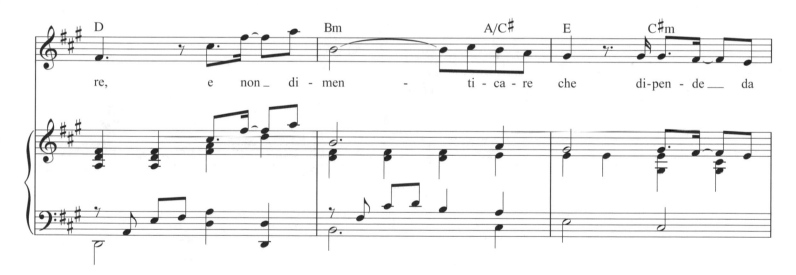

re, e non _ di - men - ti-ca-re che di-pen-de _ da

te. Lun - go la sua vi - a

tu non se be - ne Se res - ti ur - lo del - l'a - ni - ma.

se an-che quan-do a-vrai qual-che in cer-tez - za sa - rai col rag - gia del

che - de - re cre - di in te. In o - gni

at - ti - mo tu po - trai sce - glie -

re, e non di men ─ ti ─ ca ─ re

che di-pen ─ de ── da te. _____

__ Re ─ spi ─ ra li ─ be ─

ro, ur ─ lo ── del ─ l'a ─ ni ─

ma. Nel - le tu a ma - ni se vor -

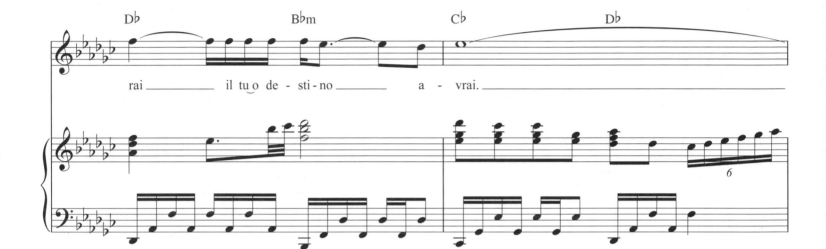

rai il tu o de - sti - no a - vrai.

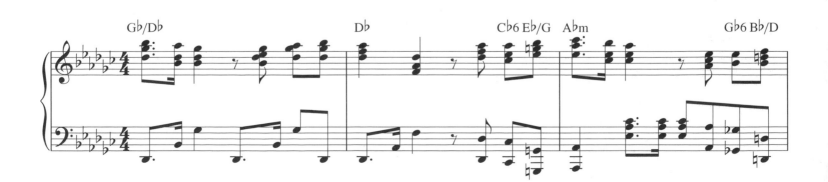

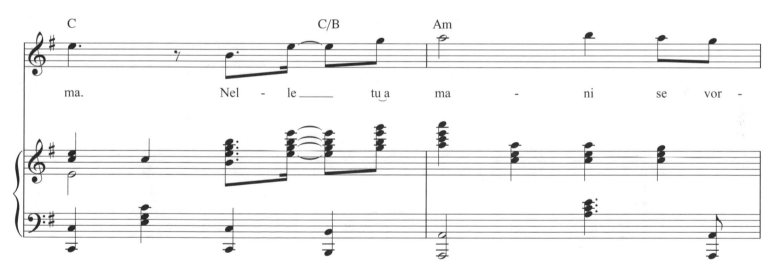